BACK*liebe*

BACKliebe

50 SÜSSE REZEPTE FÜR JEDE JAHRESZEIT

MELANIE ALLHOFF

EMF

EIN BUCH DER
EDITION MICHAEL FISCHER

Inhalt

Seit ich als Kind ...

... mit meiner Oma zusammen gebacken habe, ist das Backen und Kreieren von süßem Gebäck meine große Leidenschaft. Ob Kuchen, Torten, Plätzchen oder Cupcakes – Süßes könnte ich zu jeder Tageszeit essen.

Vor fast vier Jahren habe ich begonnen, meine Leidenschaft auf meinem Blog www.blogdetailliebe.com mit anderen zu teilen. Denn sich gemeinsam übers Backen auszutauschen bereitet mir besonders viel Freude.

Neben meinem Beruf als Osteopathin wurde auch meine zweite Leidenschaft, die Fotografie, mit den Jahren immer größer. Glücklicherweise lassen sich das Backen und das Fotografieren wunderbar miteinander verbinden, denn die süßen Sachen wollen auch entsprechend präsentiert werden. Und das Auge isst ja schließlich immer mit.

Beim Backen liegt mir besonders am Herzen, dass alle Rezepte ohne allzu großen Aufwand nachgebacken werden können und trotzdem das gewisse Etwas nicht fehlt. Kuchenklassiker werden mit kleinen Ideen und Liebe zum Detail verändert und neu gestaltet.

Zudem sind mir regionale und saisonale Zutaten sehr wichtig. Auf Fleisch und Fisch verzichte ich schon seit 15 Jahren, seit einem Jahr kommt zudem jedes der verwendeten Eier von unseren eigenen Hühnern.

In meinem Buch nehme ich euch mit auf eine kleine Backreise durch das ganze Jahr. Von fruchtig-frischem Frühlings- und Sommergebäck über nussig-schokoladige Herbstrezepte bis hin zu Weihnachtsgebäck und Adventsklassikern.

Nun wünsche ich euch viel Spaß beim Nachbacken!

Eure Melanie Allhoff

Frühling

BUTTERKUCHEN MIT APRIKOSENBIENEN

Für 12 Stück

ZUTATEN

Für den Teig

250 g Sahne
250 g Zucker
1 EL Vanillezucker
4 Eier
300 g Weizenmehl (Type 405)
1 Päckchen Backpulver
Salz
1 Spritzer Zitronensaft

Für den Belag

50 g Mandelblättchen und 24 Mandelblättchen für die Bienen
40 g Butter
6 TL Zucker
12 Aprikosenhälften
50 g Zartbitterkuvertüre
3 TL Puderzucker

Außerdem

Margarine und Mehl für die Folie
Spritzbeutel mit Lochtülle mit Ø 1 mm

ZUBEREITUNG

Den Backofen auf 200 °C vorheizen. Ein Backblech (30 x 40 cm) mit Alufolie auslegen, einfetten und mit Mehl ausstäuben.

Die Sahne mit Zucker, Vanillezucker und Eiern cremig rühren. Mehl und Backpulver mischen und sieben, dann mit 1 Prise Salz und dem Zitronensaft unter die Eiermasse rühren.

Den Teig auf das Backblech geben und gleichmäßig verstreichen. 50 g Mandelblättchen darüber verteilen. Die Butter schmelzen und die Mandelblättchen damit bestreichen. Den Zucker darüberstreuen.

Den Kuchen im Ofen zunächst 10 Minuten vorbacken. Dann das Blech herausnehmen, den Kuchen mit den Aprikosenhälften gleichmäßig belegen und weitere 10 Minuten goldbraun backen. Aus dem Ofen nehmen und etwas abkühlen lassen. Anschließend in 12 Stücke teilen, dabei jeweils ein Rechteck um jede Aprikosenhälfte schneiden.

Die Kuvertüre hacken und im warmen Wasserbad schmelzen. Mit der Kuvertüre mithilfe des Spritzbeutels jeweils 3 Bauchstreifen und den Kopf der Bienen auf die Aprikosen malen.

Aus Puderzucker und 1 Spritzer Wasser einen Zuckerguss verrühren und die Augen der Bienen aufmalen. Zum Schluss den Aprikosenrücken parallel zu den Schokostreifen einritzen und in jede Aprikose 2 Mandelblättchen als Flügel stecken.

Butterkuchen, auch Zuckerkuchen genannt, ist einer der liebsten Blechkuchen, der *bei jedem Familienfest* **zur Kaffeetafel dazugehört.**

RHABARBERTARTELETTES MIT MANDELN

Für 6 Tartelettes mit je Ø 10 cm

ZUTATEN

Für den Teig

225 g Weizenmehl (Type 405)

75 g Zucker

Salz

160 g kalte Butter

2 Eigelb

Für die Füllung

150 g Rhabarber

100 g Marzipanrohmasse

200 g Sahne

1 EL Vanillezucker

1 Ei

25 g Mandelblättchen

Außerdem

Margarine und Mehl
für die Förmchen

Mehl für die Arbeitsplatte

runde Ausstechform
mit Ø 11 cm

ZUBEREITUNG

Das Mehl mit dem Zucker und 1 Prise Salz mischen. Die Butter in kleine Stücke schneiden und mit den Eigelb dazugeben. Alles erst mit den Knethaken des Handrührgeräts, anschließend mit den Händen zu einem festen Mürbeteig kneten. Den Teig in Frischhaltefolie wickeln und 30 Minuten in den Kühlschrank legen.

Den Backofen auf 180 °C vorheizen. Die Förmchen einfetten und mit Mehl ausstäuben. Den Teig auf der leicht bemehlten Arbeitsplatte mit dem Nudelholz dünn ausrollen. 6 Teigkreise ausstechen und jedes Tartletteförmchen mit 1 Teigkreis auslegen.

Den Rhabarber waschen, schälen, der Länge nach halbieren und in Streifen schneiden. Das Marzipan mit der Sahne in einem Topf aufkochen und gut verrühren. Danach die Masse in einer Rührschüssel abkühlen lassen. Anschließend Vanillezucker und Ei unterrühren.

Die Hälfte der Mandelblättchen auf den Mürbeteigböden verteilen. Dann die Füllung daraufgeben und mit den Rhabarberstreifen belegen. Zum Schluss am Rand die übrigen Mandeln verteilen. Die Tartelettes im Ofen 20–25 Minuten goldbraun backen. Aus dem Ofen nehmen und kurz abkühlen lassen.

Im April freue ich mich
jedes Jahr wieder über den

Beginn der Rhabarbersaison.

Rhabarber wird bei uns
gern zu Kompott, Sirup
oder Kuchen verarbeitet.

MADELEINES

Für 20 Stück

ZUTATEN

2 Eier
80 g Zucker
1 EL Vanillezucker
10 g Honig
85 g Weizenmehl (Type 405)
1 TL Backpulver
Salz
90 g Butter

Außerdem

20er-Madeleine-Backblech
Margarine und Mehl
für das Blech
Puderzucker zum Bestreuen

ZUBEREITUNG

Den Ofen auf 180 °C vorheizen. Das Blech einfetten und mit Mehl ausstäuben.

Die Eier mit Zucker, Vanillezucker und Honig mit einem Schneebesen schaumig rühren. Das Mehl sieben und mit Backpulver und 1 Prise Salz untermischen.

Die Butter schmelzen und anschließend kurz abkühlen lassen. Dann zum Teig geben und alles zu einem flüssigen Teig verrühren.

Jeweils 1 Esslöffel Teig in jede Madeleine-Mulde füllen und im Ofen 7–10 Minuten backen. Aus dem Ofen nehmen und etwas abkühlen lassen. Dann aus dem Blech lösen und mit Puderzucker bestreut servieren.

TIPP

Die Madeleines am besten in einer gut schließenden Keksdose aufbewahren. Nach Belieben jeweils zur Hälfte mit dunkler und weißer Kuvertüre verzieren.

Madeleines sind ein leichtes,

französisches Feingebäck,

welches mich sofort in den
Flair unserer letzten Parisreise
zurückversetzt.

MINI-BERLINER
AM SPIESS

Für 40 Stück

ZUTATEN

600 g Weizenmehl (Type 405)
1 Würfel frische Hefe (42 g)
150 ml lauwarme Milch
100 g Zucker
60 g weiche Butter
3 Eier
1 Prise Salz

Außerdem
Mehl für die Arbeitsplatte
1 kg Pflanzenfett
Speisethermometer
Zucker zum Wälzen
Krapfentülle
Erdbeerkonfitüre zum Füllen
(wahlweise Pudding
oder Eierlikör)
10 Holzspieße

ZUBEREITUNG

Das Mehl in eine Schüssel geben und in die Mitte eine Mulde drücken. Die Hefe in die Mulde bröseln und mit der lauwarmen Milch bedecken, kurz die Hefe in der Milch verrühren. Den Vorteig zugedeckt an einem warmen Ort 15 Minuten gehen lassen.

Danach die restlichen Zutaten nach und nach dazugeben und alles zu einem weichen Hefeteig kneten. Den Teig zugedeckt 1 Stunde gehen lassen.

Den Teig auf der leicht bemehlten Arbeitsplatte kurz durchkneten und zu einer langen Rolle formen. Die Rolle in 40 gleich große Stücke schneiden. Jedes Teigstück in den Fingern kneten und zu einer Kugel formen.

Das Fett in einem großen Topf auf 170 °C erhitzen. Nacheinander jeweils 2 Berliner in das Fett geben und etwa 3 Minuten braun backen, zwischendurch wenden. Anschließend die Berliner herausheben und zügig in einem tiefen, mit Zucker gefüllten Teller wälzen.

Die Berliner mithilfe der Krapfentülle je nach Wunsch mit Konfitüre, Pudding oder Eierlikör füllen und jeweils 4 Berliner auf einen Holzspieß stecken.

TIPP

Das Fett ist heiß genug, wenn man einen Holzlöffel hineinhält und kleine Bläschen an dem Löffel aufsteigen.

**Berliner oder Krapfen
gehören bei uns immer an**

Silvester und Karneval

**dazu – am liebsten klassisch
gefüllt mit Konfitüre. Sie
lassen sich aber auch mit
Pudding oder Eierlikör füllen.**

MARMORKUCHEN

Für 1 Gugelhupfform mit Ø 24 cm

ZUTATEN

250 g Zucker
250 g weiche Butter
3 Eier
1 EL Vanillezucker
400 g Weizenmehl (Type 405)
1 Päckchen Backpulver
Salz
150 ml Milch
3 EL Backkakaopulver
100 g Vollmilchkuvertüre
15 g Pistazienkerne

Außerdem

Margarine und Mehl
für die Form

ZUBEREITUNG

Den Ofen auf 180 °C vorheizen. Die Form einfetten und mit Mehl ausstäuben.

Den Zucker mit Butter, Eiern und Vanillezucker schaumig rühren. Das Mehl mit Backpulver und 1 Prise Salz mischen und nach und nach unter die Eiermasse rühren. Dann die Milch portionsweise untermischen.

Die Hälfte des Teiges in eine weitere Rührschüssel geben und das Kakaopulver unterheben. Dann abwechselnd den hellen und dunklen Teig mit einem Esslöffel oder Eisportionierer in die Form füllen.

Den Marmorkuchen im Ofen 55 Minuten backen. Stäbchenprobe machen. Den Kuchen aus dem Ofen nehmen, vollständig abkühlen lassen und erst dann aus der Form stürzen.

Die Kuvertüre hacken, im warmen Wasserbad schmelzen und den Kuchen damit bestreichen. Die Pistazien fein hacken und auf der Kuvertüre verteilen.

TIPP

Damit der Kuchen auch am nächsten Tag noch saftig schmeckt, stellt man ihn am besten über Nacht unter eine Abdeckhaube oder wickelt ihn in Alufolie ein.

Dieser Rührkuchen ist ein weiterer heiß geliebter

Kuchenklassiker meiner Oma,

welchen sie uns zu jedem Geburtstag gebacken hat.

VANILLE-CUPCAKES MIT TONKABOHNEN-GANACHE

Für 12 Stück

ZUTATEN

Für den Teig

150 g weiche Butter
2 Eier
200 g Schmand
100 g Zucker
3 EL Vanillezucker
250 g Weizenmehl (Type 405)
1 Päckchen Backpulver

Für die Ganache

200 g Sahne
1 Tonkabohne
150 g weiße Kuvertüre

Zum Verzieren

Draht
Liebesperlen

Außerdem

12 stabile Muffinpapierback-
förmchen
Spritzbeutel mit Sterntülle

ZUBEREITUNG

Den Ofen auf 180 °C vorheizen. Die Papierbackförm-chen auf einem Backblech verteilen.

Die Butter mit Eiern, Schmand, Zucker und Vanille-zucker cremig rühren. Das Mehl mit dem Backpulver dazugeben und alles zu einem glatten Teig verrühren.

Die Muffinförmchen jeweils zu zwei Dritteln mit Teig füllen und im Ofen etwa 20 Minuten backen. Stäbchen-probe machen. Herausnehmen und abkühlen lassen.

Für die Ganache die Sahne in einen kleinen Topf geben, etwas Tonkabohne hineinreiben und die Sahne erhit-zen. Die Kuvertüre grob hacken. Die Sahne vom Herd nehmen, die Kuvertüre darin schmelzen lassen und glatt rühren. Danach die Masse mindestens 1 Stunde im Kühlschrank abkühlen lassen.

Anschließend die Ganache mit einem Schneebesen so lange aufschlagen, bis eine cremige Masse entstanden ist. Die Creme mithilfe des Spritzbeutels auf die abge-kühlten Muffins verteilen.

Die Liebesperlen dicht auf 2 Drahtstücke fädeln und jeweils zu einem Herz biegen. Jedes Herz auf einen Cupcake stecken.

TIPP

Tonkabohnen am besten in gut schließenden Schraub-gläsern trocken und kühl aufbewahren – so behalten sie lange ihr Aroma.

Tonkabohnen haben ein

süßes Aroma mit Vanillenote

und harmonieren daher gut mit vanillehaltigen Rezepten. Einfach wie Muskat reiben!

KÜKEN-CAKE-POPS

Für 50 Stück

ZUTATEN

Für den Kuchen

200 g weiche Butter

200 g Zucker

4 Eier

250 g Weizenmehl (Type 405)

½ Päckchen Backpulver

Salz

1 TL flüssiger Vanilleextrakt

Für die Creme

75 g weiche Butter

150 g Frischkäse

150 g Puderzucker

3 EL Kokosmilch

125 g Kokosraspel

Zum Verzieren

50 g weiße Kuvertüre

550 g gelbe Candy Melts

75 g Kokosfett (z. B. Palmin)

gelbe Streudekorherzen

orange Streudekorsterne

schwarzer Lebensmittelstift
(wahlweise dunkle
Zuckerschrift)

Außerdem

Margarine und Mehl
für die Form

50 Cake-Pop-Stiele

Cake-Pop-Ständer

ZUBEREITUNG

Den Ofen auf 180 °C vorheizen. Eine Kastenform mit 30 cm Länge einfetten und mit Mehl ausstäuben.

Für den Kuchen die Butter mit dem Zucker schaumig rühren. Nach und nach die Eier unterrühren. Das Mehl mit Backpulver und 1 Prise Salz mischen und ebenfalls unterrühren. Zum Schluss den Vanilleextrakt dazugeben und alles zu einem Rührteig vermengen.

Den Teig in die Form füllen und im Ofen 45 Minuten backen. Stäbchenprobe machen. Den Kuchen herausnehmen und abkühlen lassen.

Für die Creme die Butter mit dem Frischkäse cremig rühren. Den Puderzucker sieben und nach und nach unter die Buttermasse rühren. Zum Schluss Kokosmilch und Kokosraspel vorsichtig unterrühren.

Vom abgekühlten Kuchen die harten Ecken abschneiden. Anschließend den Kuchen mit den Händen in kleine Stücke bröseln und mit der Creme so lange verkneten, bis eine zähe, klebrige Masse entstanden ist.

Die Cake-Pop-Masse 10 Minuten kühl stellen, dann lässt sie sich besser formen. Anschließend aus der Masse mit den Händen 50 kleine Kugeln formen.

Die weiße Kuvertüre hacken und im warmen Wasserbad langsam schmelzen. Die Cake-Pop-Stiele kurz in die Kuvertüre tunken und mit einer Drehbewegung jeweils in eine Teigkugel stechen.

Die Cake Pops im Kühlschrank fest werden lassen, so rutschen sie später beim Verzieren nicht vom Stiel.

Die Candy Melts mit dem Kokosfett im warmen Wasserbad langsam schmelzen. Dabei darauf achten, dass kein Wasser an die Candy Melts gelangt. Da die geschmolzenen Candy Melts sehr schnell fest werden, am besten in zwei Portionen nacheinander schmelzen.

Die Cake Pops kurz in die geschmolzene Masse tunken, leicht abtropfen lassen und in den Cake-Pop-Ständer stellen. Dann zügig mit dem Streudekor Füße, Arme und Schnäbel auf die Cake Pops setzen. Mit dem Stift oder der Zuckerschrift Augen aufmalen.

Sobald alle Cake Pops fertig verziert sind, bis zum Verzehr am besten in den Kühlschrank stellen.

TIPP

Da die Candy Melts sehr schnell aushärten, gehen die Küken-Cake-Pops leichter von der Hand, wenn man sie zu zweit herstellt.

Anstelle von Candy Melts und Kokosfett sowie Streudekor könnt ihr auch Kuvertüre und Streusel als Dekoration verwenden. Dann entstehen zwar keine Küken, aber die Cake Pops schmecken trotzdem genauso gut.

Ich liebe diese kleinen

Küchlein am Stiel.

Sie sind zwar etwas aufwendiger in der Herstellung, aber die Arbeit macht sich später im Geschmack bezahlt.

DONUTS MIT ESSBAREN BLÜTEN

Für 12 Stück

ZUTATEN

Für den Teig

100 g Quark
80 ml Milch
25 ml Speiseöl
60 g Zucker
1 EL Vanillezucker
200 g Weizenmehl (Type 405)
½ Päckchen Backpulver

Für den Guss

100 g Puderzucker
1 Spritzer Zitronensaft
100 g Zartbitterkuvertüre

Außerdem

12er-Donutblech
Margarine und Mehl
für das Blech
Spritzbeutel mit Lochtülle
mit Ø 10 mm
essbare Blüten (z. B. Horn-
veilchen, siehe Tipp)

ZUBEREITUNG

Den Ofen auf 180 °C vorheizen. Die Mulden des Blechs einfetten und mit Mehl ausstäuben.

Den Quark mit Milch und Öl mischen. Zucker und Vanillezucker dazugeben und unterrühren. Zum Schluss Mehl und Backpulver untermischen und alles zu einem glatten Teig verrühren.

Den Teig mithilfe des Spritzbeutels in die Mulden des Blechs verteilen. Im Ofen etwa 20 Minuten goldbraun backen. Herausnehmen und abkühlen lassen.

Für den Guss den Puderzucker mit 4 Teelöffel Wasser und Zitronensaft zu einer klebrigen Masse verrühren. Die Kuvertüre hacken und im warmen Wasserbad langsam schmelzen.

Die Hälfte der abgekühlten Donuts mit Zuckerguss und die andere Hälfte mit Schokolade bestreichen. Zum Schluss die Donuts mit den Blüten verzieren und Guss oder Glasur fest werden lassen.

TIPP

Als essbare Blüten eignen sich auch Gänseblümchen, Lavendel- oder Holunderblüten.

Bei diesen Donuts erinnere ich mich immer gern an

unsere Amerikareisen

zurück, in denen wir Donuts mit klebrig-süßem Zuckerguss verschlungen haben.

MARACUJA-MINI-GUGEL

Für 12 Stück

ZUTATEN

Für den Teig

100 g weiche Butter

50 g weiße Kuvertüre

100 g Puderzucker

1 EL Vanillezucker

120 g Quark

6 EL Maracujasaft

2 EL Vanillepuddingpulver

140 g Weizenmehl (Type 405)

Für den Guss

75 g weiße Kuvertüre

Schokoraspel und rosa
Zuckerperlen zum Verzieren

Außerdem

12er-Mini-Gugelform
mit Ø je 7 cm

Margarine und Mehl
für die Form

ZUBEREITUNG

Den Ofen auf 180 °C vorheizen. Die Mulden der Form einfetten und mit Mehl ausstäuben.

Die Butter schaumig rühren. Die Kuvertüre hacken und im warmen Wasserbad langsam schmelzen, zur Butter geben und kurz unterrühren.

Den Puderzucker in die Buttermasse sieben, den Vanillezucker dazugeben und alles verrühren. Den Quark und den Maracujasaft ebenfalls unterrühren. Zum Schluss Puddingpulver und Mehl untermischen.

Die Mulden des Blechs zu zwei Dritteln mit dem Teig füllen und im Ofen 15–20 Minuten backen. Stäbchenprobe machen. Die Gugel aus dem Ofen nehmen, leicht abkühlen lassen und aus den Mulden lösen.

Für den Guss die Kuvertüre hacken und im warmen Wasserbad schmelzen. Die Mini-Gugel zuerst in die Kuvertüre und anschließend in Schokoraspel oder Zuckerperlen tunken. Im Kühlschrank aushärten lassen.

Die Maracujas eignen sich dank ihrer Süßkraft für

*Desserts, Kuchen,
Obstsalat oder Cocktails*

und verleihen dabei jedem Rezept eine tropische Note.

DIY MINI-GUGEL
ZUM VERSCHENKEN

Für 20 Mini-Gugel

ZUTATEN & MATERIAL

Für die Mini-Gugel

50 g weiche Butter

25 g weiße Kuvertüre

50 g Puderzucker

1 TL Vanillezucker

60 g Quark

3 EL Maracujasaft

1 EL Vanillepuddingpulver

70 g Weizenmehl (Type 405)

20er-Mini-Gugelform
mit je Ø 4 cm

Margarine und Mehl
für die Form

Puderzucker zum Bestäuben

Für die Verpackung

farbige Eierkartons

kleine Umschläge

Masking Tape

weißes Tortenpapier

Klebestift

Anhänger

Stempel

Garn

ZUBEREITUNG & ANLEITUNG

Für die Mini-Gugel den Ofen auf 180 °C vorheizen. Die Mulden der Form einfetten und mit Mehl ausstäuben. Die Butter schaumig rühren. Die Kuvertüre hacken und im warmen Wasserbad langsam schmelzen, zur Butter geben und kurz unterrühren.

Den Puderzucker in die Buttermasse sieben, den Vanillezucker dazugeben und alles verrühren. Den Quark und den Maracujasaft ebenfalls unterrühren. Zum Schluss Puddingpulver und Mehl untermischen.

Die Mulden des Blechs zu zwei Dritteln mit dem Teig füllen und im Ofen etwa 15 Minuten backen. Stäbchenprobe machen. Die Gugel aus dem Ofen nehmen, leicht abkühlen lassen und aus den Mulden lösen. Die Mini-Gugel mit Puderzucker bestäuben und in die farbigen Eierkartons setzen

Für die Verpackung in den Deckeln der Eierkartons die Umschläge mit Masking Tape festkleben. (Darin lassen sich für den Beschenkten kleine Nachrichten und Grußkarten verpacken.)

Das Tortenpapier falten und jeweils an der Verschlusslasche des Eierkartons festkleben. Den Anhänger stempeln und mit Masking Tape ebenfalls am Eierkarton befestigen. Alternativ mit etwas Garn um den geschlossenen Karton wickeln und festknoten.

Ich verschenke gern solche süßen Grüße aus meiner Küche. Egal, ob zu Einzug, Geburtstag oder anderen Anlässen –

handgemachte Leckereien,

nett verpackt in hübschen Geschenkverpackungen, sind immer ein tolles Mitbringsel.

DIY KRESSEEIER & HOLZ-EIERBECHER

Für je 6 Stück

MATERIAL

Für die Eierbecher

60 Holzperlen mit
je Ø 15 mm
Garn
Schere

Für die Kresseeier

6 halbierte Eierschalen
2 Handvoll Blumenerde
1 Tüte Kressesamen

ANLEITUNG

Für die Eierbecher jeweils 10 Holzperlen nacheinander auf ein Stück Garn fädeln. Das Garn jeweils zusammenziehen und die Perlenkette fest verknoten. Das überstehende Stück Garn abschneiden.

Für die Kresseeier die Eierschalen ausspülen, in die Eierbecher setzen und mit Erde füllen. Die Kressesamen auf die Eierschalen verteilen und die Erde mit einem Teelöffel und etwas Wasser vorsichtig gießen. (Staunässe sollte vermieden werden, da die Kresse sonst anfängt zu schimmeln.)

Die Kresseeier mögen am liebsten eine Temperatur von etwa 18 °C. Die Kresse kann schon nach 2 Wochen geerntet werden, dafür die Kresse etwa 1 cm oberhalb der Wurzeln abschneiden.

TIPP

Kresse schmeckt nicht nur im Salat, sondern macht sich auch gut zu Blätterteiggebäck oder herzhaften Muffins.

Kresseeier sind eine schöne

Bastelidee zu Ostern.

Kinder können die Eierschalen
zusätzlich noch mit lustigen
Gesichtern bekleben.

Wenn Kuchen, wie dieser Möhrenkuchen zu Ostern, nur

einmal im Jahr

gebacken werden, freut man sich ganz besonders über den frischen, saftigen Geschmack.

RÜBLIKUCHEN

Für 1 Kastenform mit 30 cm

ZUTATEN

Für den Schokokuchen

200 g weiche Butter

220 g Zucker

4 Eier

120 g Weizenmehl (Type 405)

120 g Speisestärke

½ Päckchen Backpulver

3 EL Backkakaopulver

Für den Rüblikuchen

4 Eier

Salz

175 g Zucker

150 g gemahlene Mandeln

300 g geraspelte Möhren

60 g Mehl

50 g Speisestärke

½ Päckchen Backpulver

Für den Guss

120 g Puderzucker

Saft von ½ Zitrone

Möhrengrün zur Dekoration

Außerdem

Margarine und Mehl
für die Form

Hasen-Ausstechform
(ca. 5 x 7 x 2 cm)

ZUBEREITUNG

Den Ofen auf 180 °C vorheizen. Die Form einfetten und mit Mehl ausstäuben. Für den Schokokuchen die Butter mit dem Zucker schaumig rühren. Die Eier nacheinander unterrühren. Das Mehl mit Speisestärke, Backpulver und Kakaopulver mischen und nach und nach unter die Eiermasse mischen. Alles cremig verrühren.

Den Teig in die Form füllen und im Ofen etwa 45 Minuten backen. Stäbchenprobe machen. Den Kuchen herausnehmen und vollständig abkühlen lassen.

Anschließend den Kuchen in 2 cm breite Stücke schneiden. Aus jedem Stück auf der Unterseite mit der Ausstechform 1 Hasen ausstechen und beiseitelegen.

Für den Rüblikuchen den Ofen wieder auf 180 °C vorheizen. Die Form erneut einfetten und mit Mehl ausstäuben. Die Eier trennen und das Eiweiß mit 1 Prise Salz steif schlagen. Das Eigelb mit dem Zucker schaumig rühren und Mandeln und Möhren langsam unterrühren. Das Mehl mit Speisestärke und Backpulver mischen und nach und nach unter den Teig rühren. Zum Schluss den Eischnee vorsichtig unterheben.

Den Boden der Kastenform dünn mit dem Möhrenteig bedecken. Anschließend die Hasen hintereinander mittig in die Kastenform setzen. Danach den übrigen Möhrenteig vorsichtig über die Hasen in die Form geben und den Kuchen im Ofen 45 Minuten backen. Aus dem Ofen nehmen und abkühlen lassen, dann aus der Form lösen.

Für den Zuckerguss den Puderzucker mit 2 Esslöffel Wasser und Zitronensaft zu einer klebrigen Masse verrühren. Sobald der Kuchen abgekühlt ist, den Kuchen mit dem Zuckerguss rundherum bestreichen und mit dem Möhrengrün dekorieren.

TIPP

Die Reste des Schokokuchens, die nach dem Ausstechen der Hasen übrig bleiben, eignen sich wunderbar, um daraus mit etwas Creme Cake Pops herzustellen.

OSTERHEFEKRÄNZE

Für 4 Stück

ZUTATEN

Für den Teig

125 ml Milch

½ Würfel frische Hefe (21 g)

70 g Zucker

50 g weiche Butter

1 Ei

Salz

350 g Weizenmehl (Type 405)

Außerdem

Mehl für die Arbeitsplatte

1 Ei

4 EL Hagelzucker

Zum Eierfärben

1 alte Nylonstrumpfhose

4 Eier

Blätter und Blüten

Garn

rote und braune Schalen
von 8–10 Zwiebeln

ZUBEREITUNG

Für den Hefeteig die Milch erwärmen. Die Hefe zerbröseln und mit dem Zucker in die Milch einrühren, bis sich die Hefe aufgelöst hat. Die Schüssel zugedeckt an einem warmen Ort 15 Minuten gehen lassen.

Anschließend die Butter mit dem Ei und 1 Prise Salz nach und nach in den Vorteig rühren. Zum Schluss das Mehl vorsichtig dazugeben und alles zu einem weichen Hefeteig verkneten. Den Teig zugedeckt mindestens 1 Stunde gehen lassen.

Den Ofen auf 180 °C vorheizen. Ein Backblech mit Backpapier auslegen. Den Teig auf der leicht bemehlten Arbeitsplatte mit den Händen durchkneten und in 8 gleich große Stücke schneiden. Je 2 Stücke länglich ausrollen (etwa 25 cm lang), miteinander verzwirbeln und zu einem Kranz auf das Blech legen.

Das Ei verquirlen und die Hefekränze damit bepinseln. Anschließend mit Hagelzucker bestreuen. Die Hefekränze im Ofen etwa 20 Minuten goldbraun backen. Herausnehmen und abkühlen lassen.

Zum Eierfärben aus der Nylonstrumpfhose vier kleine Stücke schneiden. Blätter oder Blüten jeweils auf 1 Ei legen und so in ein Stück Nylonstrumpfhose füllen. Anschließend die Strumpfhose festziehen, damit die Blätter beim Kochen nicht verrutschen. Mit Garn nah am Ei festknoten.

Die Zwiebelschalen mit 1 ½ l Wasser in einen Topf geben und leicht unter die Wasseroberfläche drücken. Das Wasser zum Kochen bringen.

Die Eier so auf die Zwiebelschalen legen, dass sie komplett mit Wasser bedeckt sind. Die Eier 10 Minuten hart kochen. Anschließend mit einer Schaumkelle aus dem Wasser nehmen, kurz abkühlen lassen und aus der Strumpfhose herausschneiden. Zum Servieren jeweils 1 gefärbtes Ei in einen Osterkranz setzen.

TIPP

Am besten sammelt man schon in den Wochen vor Ostern beim Kochen die Zwiebelschalen.

Hefegebäck gehört bei uns zu Ostern wie die Tradition, an

Ostern Eier zu färben.

Wie man beide Ideen miteinander verbinden und Eier ganz natürlich färben kann, zeige ich euch in diesem Rezept mit Bastelanleitung.

Sommer

Eclairs, auch Liebesknochen
genannt, sind ein berühmtes

Gebäck aus Brandteig,

welches ihr wahlweise mit
Sahne oder Pudding in verschiedenen Geschmacks-
richtungen füllen könnt.

ECLAIRS MIT HIMBEEREN

Für 10 Stück

ZUTATEN

Für den Teig
250 ml Milch
60 g Butter
Salz
150 g Weizenmehl (Type 405)
4 Eier

Für die Füllung
½ Päckchen Vanille-
puddingpulver
250 ml Milch
20 g Vanillezucker
20 g Butter

Für den Belag
80 g Vollmilchkuvertüre
125 g Himbeeren

Außerdem
Spritzbeutel mit Sterntülle

ZUBEREITUNG

Den Ofen auf 200 °C vorheizen. Ein Backblech mit Backpapier auslegen.

Die Milch mit Butter und 1 Prise Salz in einem Topf unter Rühren aufkochen. Den Topf vom Herd nehmen. Das Mehl auf einmal dazugeben und alles so lange glatt rühren, bis ein Kloß entstanden ist.

Den Topf wieder auf den Herd stellen und den Teig-kloß bei starker Hitze 2-3 Minuten unter Rühren „ab-brennen", bis sich ein weißer Belag auf dem Topf-boden bildet. Dann in eine Rührschüssel geben und 15 Minuten abkühlen lassen.

1 Ei unter den Teig kneten, bis erneut ein Kloß entsteht. Dann nach und nach die restlichen Eier hinzufügen und alles zu einer festen, cremigen Masse verrühren.

Aus dem Teig mithilfe des Spritzbeutels 10 große Strei-fen nebeneinander auf das Blech spritzen. Die Eclairs im Ofen 20-25 Minuten goldbraun backen. Dann im Ofen bei offener Tür abkühlen lassen.

Für die Füllung das Puddingpulver mit 3 Esslöffel Milch und Vanillezucker verrühren. Die restliche Milch in einem Topf aufkochen. Den Topf vom Herd nehmen und die Pulvermischung unterrühren.

Den Pudding kurz erneut aufkochen lassen. Die Butter zum Pudding geben, alles in eine Rührschüssel füllen, kurz umrühren und im Kühlschrank mit Frischhaltefolie zugedeckt abkühlen lassen.

Die Eclairs der Länge nach halbieren. Die Kuvertüre ha-cken, im warmen Wasserbad schmelzen und die Deckel der Eclaires damit bestreichen. Die Himbeeren verlesen, waschen, trocken tupfen und auf die Schoko-ladendeckel setzen. Im Kühlschrank aushärten lassen.

Die Unterteile der Eclairs mit dem Vanillepudding mit-hilfe des Spritzbeutels bestreichen. Anschließend je-weils 1 Eclaire-Oberteil daraufsetzen.

ERDBEER-LÖFFELBISKUIT-TORTE

Für 1 Springform mit Ø 26 cm

ZUTATEN

Für den Teig
400 g Löffelbiskuits
125 g Butter

Für das Püree
300 g Erdbeeren
Saft von ½ Zitrone
1 EL Vanillezucker
½ Beutel Agartine

Für die Creme
600 g Frischkäse
300 g Naturjoghurt
150 g Zucker
1 EL Vanillezucker
Saft von ½ Zitrone
250 ml Milch
1 ½ Beutel Agartine

Zum Verzieren
Schokostreusel
6 Erdbeeren
Kokosraspel, nach Belieben

Außerdem
Margarine und Mehl
für die Form

ZUBEREITUNG

Die Form einfetten und mit Mehl ausstäuben. Von den Löffelbiskuits 12 Stück beiseitelegen. Die restlichen Biskuits zerbröseln. Dafür am besten die Biskuits in einen Gefrierbeutel legen und mit dem Nudelholz klein klopfen.

Die Butter in einem Topf schmelzen und mit den Biskuitbröseln vermengen. Alles gut durchmischen und in die Form glatt auf den Boden drücken. Die 12 restlichen Löffelbiskuits jeweils in der Mitte quer halbieren und an den Rand der Form drücken. Die Form 30 Minuten in den Kühlschrank stellen.

Für das Püree die Erdbeeren waschen und das Grün entfernen. Die Erdbeeren mit Zitronensaft und Vanillezucker sehr fein pürieren, bis eine zähflüssige Masse ohne Stückchen entstanden ist. Die Agartine nach Packungsanleitung zubereiten. Zuerst 2 Esslöffel Püree unter die Agartine heben, dann den Rest des Pürees mit der Agartine mischen und beiseitestellen.

Für die Creme den Frischkäse mit Joghurt, Zucker, Vanillezucker, Zitronensaft und Milch zu einer cremigen Masse rühren. Die Agartine nach Packungsanleitung zubereiten und leicht abkühlen lassen. Danach 2 Esslöffel Creme unterrühren, anschließend den Rest der Creme mit der Agartine mischen.

Die Creme auf dem Boden verteilen. Danach das Erdbeerpüree in die Form füllen und mit einem Löffelstiel durch beide Massen rühren, damit ein Marmor-Look entsteht. Die Torte über Nacht mit Frischhaltefolie zugedeckt im Kühlschrank fest werden lassen.

Zum Servieren die Torte mit Schokostreuseln und halbierten Erdbeeren dekorieren. Nach Belieben am Rand mit Kokosraspeln bedecken.

TIPP

Ich nutze immer Agartine anstelle von Gelatine. Diese ist anders als Gelatine ein rein pflanzliches Geliermittel und im Supermarkt in der Backabteilung zu finden.

**Ab Mai, wenn es bei uns
die ersten regionalen**

Erdbeeren frisch vom Feld

**gibt, belege oder fülle ich
mit ihnen fast jeden Kuchen.**

Kirschen sind neben Erdbeeren

mein liebstes Sommerobst.

Sie schmecken nicht nur köstlich süß, sondern sind zudem auch noch gesund und stecken voller Vitamine.

KIRSCH-STREUSEL-BLECHKUCHEN

Für 1 Backblech mit 30 x 40 cm

ZUTATEN

Für den Teig

100 ml lauwarme Milch

½ Würfel frische Hefe (21 g)

250 g Weizenmehl (Type 405)

2 EL Vanillezucker

50 g Butter

Für den Belag

750 g Sauerkirschen
(aus dem Glas)

4 Eier

Salz

150 g Zucker

150 g weiche Butter

250 g Frischkäse

150 g gemahlene Mandeln

Für die Streusel

150 g Weizenmehl (Type 405)

150 g Zucker

100 g Mandelblättchen

150 g Butter

Außerdem

Margarine und Mehl
für die Form

Mehl für die Arbeitsplatte

ZUBEREITUNG

Die Milch lauwarm erhitzen und die Hefe darin auflösen. Das Mehl mit dem Vanillezucker in einer Rührschüssel mischen. Die Butter im Topf schmelzen, zum Mehl geben und unterrühren.

Die Hefemilch zur Mehlmischung hinzufügen und alles zu einem zähen Hefeteig verkneten. Den Teig zugedeckt an einem warmen Ort 1 Stunde gehen lassen.

Die Kirschen in einem Sieb abtropfen lassen.

Die Eier trennen, das Eiweiß mit 1 Prise Salz steif schlagen und anschließend die Hälfte des Zuckers unterheben. Das Eigelb mit dem übrigen Zucker, Butter, Frischkäse und gemahlenen Mandeln verrühren. Zum Schluss den Eischnee vorsichtig unterheben.

Für die Streusel das Mehl mit Zucker und Mandeln mischen. Butter schmelzen und ebenfalls unterrühren.

Den Ofen auf 180 °C vorheizen. Die Backform einfetten und mit Mehl ausstäuben. Den Hefeteig auf der leicht bemehlten Arbeitsplatte mit dem Nudelholz dünn zu einem Rechteck etwas größer als das Blech ausrollen. Die Teigplatte auf das Blech setzen und an den Seiten jeweils einen Rand hochziehen.

Die Mandelmasse in die Form füllen und glatt streichen. Anschließend mit den abgetropften Kirschen belegen. Die Streusel locker darüberkrümeln. Den Kuchen im Ofen etwa 55 Minuten backen. Aus dem Ofen nehmen, etwas abkühlen lassen und vor dem Servieren 1 Stunde kühl stellen.

BIENENSTICH MIT MARZIPANBIENEN

Für 1 Backblech mit 30 x 40 cm und 4 Bienen

ZUTATEN

Für den Teig

500 g Weizenmehl (Type 405)

½ Würfel frische Hefe (21 g)

250 ml lauwarme Milch

75 g Zucker

1 Ei

Salz

80 g weiche Butter

Mehl für die Arbeitsplatte

Für den Belag

100 g Butter

150 g Zucker

3 gestrichene EL Honig

3 EL Sahne

200 g Mandelblättchen

Für die Füllung

500 ml Milch

475 g Sahne

75 g Zucker

2 Päckchen Vanille-
puddingpulver

1 TL Puderzucker

1 EL Vanillezucker

Für die Marzipanbienen

100 g Marzipanrohmasse

100 g gelbe Candy Melts

25 g Kokosfett (z. B. Palmin)

schwarze oder braune
Zuckerschrift

8 Mandelblättchen

ZUBEREITUNG

Das Mehl in eine Schüssel geben und in die Mitte eine Mulde drücken. Die Hefe in die Mulde krümeln. Etwas Milch mit dem Zucker auf die Hefe geben und alles kurz verrühren. Den Vorteig zugedeckt an einem warmen Ort 10–15 Minuten gehen lassen.

Anschließend die restliche Milch, Ei und 1 Prise Salz zum Mehl geben. Alles zu einem zähen Hefeteig kneten. Die Butter zum Schluss hinzufügen und alles nochmals gut durchkneten. Den Teig zugedeckt 45 Minuten gehen lassen.

Für den Belag die Butter mit Zucker, Honig und Sahne aufkochen. Die Mandelblättchen unterheben und alles leicht abkühlen lassen.

Ein Backblech mit Backpapier auslegen. Den Teig auf der leicht bemehlten Arbeitsplatte kurz durchkneten und mit dem Nudelholz zu einem Rechteck in Größe des Blechs ausrollen. Die Teigplatte auf das Blech setzen und mit der Mandelmasse bestreichen. Den Kuchen erneut zugedeckt 15 Minuten gehen lassen. Den Ofen auf 175 °C vorheizen.

Anschließend den Kuchen im Ofen auf der untersten Schiene 40 Minuten goldbraun backen. Herausnehmen und abkühlen lassen.

Für die Füllung 250 ml Milch, 250 g Sahne und Zucker aufkochen. Das Puddingpulver mit der übrigen Milch verrühren und in die Milch-Sahne-Mischung rühren. Den Pudding erneut kurz aufkochen. Anschließend die Masse unter gelegentlichem Rühren abkühlen lassen.

Die restliche Sahne mit Puderzucker und Vanillezucker steif schlagen und in den Kühlschrank stellen.

Den Kuchen jeweils der Länge und Breite nach einmal durchschneiden, sodass 4 gleich große Platten entstehen. Jedes Kuchenstück mit einem scharfen Messer waagerecht halbieren, die Deckel zur Seite legen.

Meine Vorliebe für Bienenstich kommt wahrscheinlich

aus meiner Kindheit.

Immer wenn ich mit meiner
Oma einkaufen ging, durfte
ich mir zum Schluss ein Stück
Bienenstich aussuchen. Ich
liebe bis heute die cremige
Füllung in Kombination mit
der karamellisierten Zucker-
Mandel-Masse obendrauf.

Sobald die Puddingmasse abgekühlt ist, nach und nach die Sahne unterrühren. Die 4 Kuchenunterteile mit der Creme bestreichen. Die Deckel darauflegen und die Stücke 1–2 Stunden kühl stellen.

Für die Marzipanbienen das Marzipan in 4 Stücke schneiden und jeweils zu einer länglichen Kugel formen. Die Candy Melts mit dem Kokosfett im warmen Wasserbad langsam schmelzen.

Die Kugeln nacheinander jeweils mit 2 Esslöffeln in die Candy Melts geben, kurz umrühren und auf kleine Backpapierstreifen auf ein Abkühlgitter legen. Die Bienen im Kühlschrank vollständig aushärten lassen.

Anschließend mit der Zuckerschrift Streifen auf die Bienen malen. Zwei kleine Schlitze mit einem scharfen Messer in die Bienen schneiden und die Mandelblättchen als Flügel hineinstecken. Zum Servieren die Kuchenplatten in Stücke schneiden (siehe Tipp) und mit den Marzipanbienen anrichten.

TIPP

Die Kuchendeckel am besten bereits vor dem Auflegen auf die Puddingmasse in die gewünschten Stücke schneiden. Dann quillt später die Füllung beim Anschneiden nicht heraus.

Ich hege eine unglaublich
große Leidenschaft für

*Waffeln in allen
Formen und Varianten.*

**Hier kommen sie in Gestalt
von Schokoladenwaffeln im
Tortengewand daher.**

SCHWARZWÄLDER-KIRSCH-WAFFELTORTE

Für 1 Torte mit 7 Waffeln

ZUTATEN

Für die Waffeln

200 g weiche Butter

200 g Zucker

4 Eier

1 EL Vanillezucker

1 Spritzer Zitronensaft

Salz

200 g Weizenmehl (Type 405)

3 EL Backkakaopulver

1 Päckchen Schokoladen-
puddingpulver

75 ml Milch

Für die Füllung

200 g Sahne

1 EL Vanillezucker

1 TL Puderzucker

1 Päckchen roter Tortenguss

50 ml Kirschwasser

250 g Kirschen (frisch oder
aus dem Glas)

Schokoraspel

Außerdem

Waffeleisen

Butter für das Waffeleisen

Spritzbeutel mit Sterntülle

ZUBEREITUNG

Für die Waffeln die Butter mit Zucker und Eiern schaumig rühren. Den Vanillezucker mit Zitronensaft und 1 Prise Salz dazugeben.

Das Mehl mit Kakaopulver und Schokoladenpuddingpulver langsam einrühren. Zum Schluss die Milch hinzufügen und alles zu einem glatten Teig rühren.

Das Waffeleisen erhitzen und mit Butter einpinseln. Nacheinander aus dem Teig etwa 7 Waffeln backen und diese auf einem Abkühlgitter vollständig abkühlen lassen.

Für die Füllung die Sahne mit Vanillezucker und Puderzucker steif schlagen. Bis zur Verwendung in den Kühlschrank stellen.

Den Tortenguss in einem kleinen Topf mit dem Kirschwasser und 200 ml Wasser verrühren und kurz aufkochen lassen. Den Topf vom Herd nehmen.

Die Kirschen waschen, entsteinen und unterrühren (Kirschen aus dem Glas gut abtropfen lassen). Die Kirschen so lange in den Kühlschrank stellen, bis der Guss fest geworden ist.

Die Sahne mithilfe des Spritzbeutels als kleine Tuffs auf die Waffeln setzen und die Kirschen darauf verteilen. Die belegten Waffeln zu einer Torte übereinanderschichten und mit Schokoraspeln bestreut servieren.

TIPP

Ihr könnt die Waffeln auch am Vortag backen und über Nacht in den Kühlschrank stellen, sie schmecken am nächsten Tag noch sehr lecker.

ERDBEER-PAVLOVA

Für 1 Kuchen mit Ø ca. 30 cm

ZUTATEN

Für den Boden

4 Eiweiß
225 g Zucker
1 TL Speisestärke
1 TL Weißweinessig
½ TL flüssiger Vanilleextrakt

Für die Füllung

500 g Quark
6 ½ EL Puderzucker
200 g Sahne
1 EL Vanillezucker
500 g Erdbeeren
frische Minze

ZUBEREITUNG

Den Ofen auf 130 °C vorheizen. Ein Backblech mit Backpapier auslegen.

Das Eiweiß steif schlagen und dabei nach und nach den Zucker einrieseln lassen. Speisestärke, Weißweinessig und Vanilleextrakt hinzufügen und unterheben.

Die Eiweißmasse zu einem Kreis mit etwa 30 cm Durchmesser auf dem Blech verteilen, dabei in der Mitte eine kleine Mulde formen. Die Eiweißmasse im Ofen 1 Stunde 30 Minuten backen.

Anschließend den Baiserboden im ausgeschalteten Ofen noch etwa 1 Stunde stehen lassen.

Für die Füllung den Quark mit 6 Esslöffel Puderzucker gründlich verrühren. Die Sahne mit Vanillezucker und übrigem Puderzucker steif schlagen und unter die Quarkmasse heben.

Die Quark-Sahne-Creme auf dem Eiweißboden verstreichen. Die Erdbeeren waschen, das Grün entfernen und die Erdbeeren vierteln. Dann auf der Creme verteilen. Mit frischer Minze garniert servieren.

TIPP

Als Topping schmecken auch Granatapfelkerne und Steinobst sehr fruchtig und lecker auf der Pavlova.

Diese Torte besteht diesmal nicht aus Kuchenteig, sondern aus einem Baiserboden. In Kombinationen mit einer frischen Creme und fruchtigen Erdbeeren eignet sie sich perfekt als

erfrischendes Sommerrezept.

VEGANE KIRSCH-CUPCAKES

Für 12 Stück

ZUTATEN

Für den Teig
235 ml Sojamilch
1 TL Apfelessig
170 g Zucker
70 ml Speiseöl
Mark von 1 Vanilleschote
140 g Weizenmehl (Type 405)
1 TL Backpulver
30 g Backkakaopulver

Für das Frosting
230 g Sojamargarine
180 g Puderzucker
1 TL Vanillezucker
24 Kirschen
½ Päckchen veganer Tortenguss
(aus dem Bio-Laden)

Zum Verzieren
12 Kirschen

Außerdem
12er-Muffinblech
12 Papierbackförmchen
Spritzbeutel mit Sterntülle

ZUBEREITUNG

Den Ofen auf 180 °C vorheizen. Die Mulden des Muffinblechs mit Papierbackförmchen auslegen.

Die Sojamilch und den Apfelessig in einer Schüssel mischen und einige Minuten stehen lassen. Dann den Zucker mit Öl und Vanillemark hinzufügen. In einer zweiten Schüssel das Mehl mit Backpulver und Kakaopulver mischen.

Die Milch-Essig-Mischung nach und nach unter die Mehlmischung rühren. Den Teig in Muffinförmchen füllen und im Ofen etwa 20 Minuten backen. Herausnehmen und abkühlen lassen.

Für das Frosting die Sojamargarine mit Puderzucker und Vanillezucker verrühren und kühl stellen.

Die Kirschen waschen und entsteinen. 12 Kirschen in einem Topf pürieren und dann aufkochen. Den Tortenguss unterrühren und die übrigen Kirschen hinzufügen, danach vom Herd nehmen.

Mit einem Teelöffel jeweils ein kleines Stück Teig aus den Muffins heben und zur Seite legen. In jede Mulde 1 Kirsche und etwas Tortenguss setzen.

Das Frosting mithilfe des Spritzbeutels auf die Muffins verteilen, dann das ausgehobene Stück Kuchen wieder darauflegen und eine zweite Frosting-Schicht daraufsetzen. Abschließend jeden Cupcake mit je 1 frischen Kirsche dekorieren.

Ich probiere in letzter Zeit immer öfter mal vegane Kuchenrezepte aus. Diese Cupcakes werden auch ohne tierische Produkte

richtig fluffig

und schmecken außerdem herrlich süß.

HIMBEERTARTE MIT SCHOKOCREME

Für 1 Tarteform mit 35 x 13 cm

ZUTATEN

Für den Teig
200 g Weizenmehl (Type 405)
125 g kalte Butter
2 EL Vanillezucker

Für die Creme
30 g Mandelblättchen
130 g Sahne
200 g Zartbitterkuvertüre
20 g Butter

Für den Belag
20 g Mandelblättchen
125 g Himbeeren
Puderzucker und frische Minze,
nach Belieben

Außerdem
Mehl für die Arbeitsplatte
Margarine und Mehl
für die Form
Hülsenfrüchte

ZUBEREITUNG

Den Ofen auf 180 °C vorheizen. Die Form einfetten und mit Mehl ausstäuben. Das Mehl mit der Butter in kleinen Stücken, 2 Esslöffel Wasser und Vanillezucker erst mit den Knethaken des Handrührgeräts, dann mit den Händen zu einem festen, leicht klebrigen Teig kneten.

Den Teig auf der leicht bemehlten Arbeitsplatte mit dem Nudelholz länglich und etwas größer als die Form ausrollen. Den Teig in die Form legen und den Rand andrücken, mit Backpapier auslegen und die Hülsenfrüchte einfüllen. Den Boden zunächst im Ofen etwa 10 Minuten blind backen.

Anschließend Hülsenfrüchte und Backpapier wieder entfernen und den Boden noch 15 Minuten backen. Herausnehmen und abkühlen lassen, dann mit den Mandelblättchen bedecken.

Die Sahne in einem kleinen Topf erhitzen, vom Herd nehmen. Die Kuvertüre in die Sahne legen, kurz schmelzen lassen und dann so lange rühren, bis eine cremige Masse entstanden ist. Die Butter hinzufügen und weiterrühren, bis auch die Butter geschmolzen ist.

Die Schokocreme auf dem Boden verteilen, die Tarte etwa 3 Stunden kühl stellen. Zum Servieren die Tarte mit Mandeln und Himbeeren garnieren. Nach Belieben mit Puderzucker bestäuben und mit Minze anrichten.

TIPP

Das Blindbacken verhindert, dass die Füllung den Teig durchweicht. So bleibt er schön knusprig und mürbe.

Ich liebe Kuchen aus Mürbeteig. Sie lassen sich sowohl *süß als auch herzhaft* in den unterschiedlichsten Variationen backen.

ZIMTSCHNECKEN

Für 30 Stück

ZUTATEN

Für den Teig

150 ml lauwarme Milch
½ Würfel frische Hefe (21 g)
380 g Weizenmehl (Type 405)
70 g Zucker
80 g geschmolzene Butter
1 Ei
Salz

Für die Füllung

50 g Zucker
40 g weiche Butter
2 EL Zimt

Außerdem

Mehl für die Arbeitsplatte
1 Ei
Hagelzucker zum Bestreuen

ZUBEREITUNG

Die lauwarme Milch in einen Rührbecher geben und die Hefe hineinbröseln. Je 1 Esslöffel Mehl und Zucker hinzufügen, kurz umrühren und den Vorteig zugedeckt an einem warmen Ort etwa 15 Minuten gehen lassen.

Das restliche Mehl mit übrigem Zucker, Butter, Ei und 1 Prise Salz in einer großen Rührschüssel mischen. Die Hefemischung dazugeben und alles mit den Knethaken zu einem zähen, glatten Hefeteig kneten. Zugedeckt an einem warmen Ort 1 Stunde gehen lassen.

Ein Backblech mit Backpapier auslegen. Den Teig auf der leicht bemehlten Arbeitsplatte nochmals kurz durchkneten und dann mit dem Nudelholz 5 mm dünn zu einem Rechteck (45 x 12 cm) ausrollen.

Für die Füllung den Zucker mit Butter und Zimt cremig rühren. Den Teig mit der Zimtfüllung bestreichen und von der langen Seite her aufrollen. Die Teigrolle mit einem scharfen Messer in etwa 30 Stücke mit je 1 ½ cm Dicke schneiden. Die Zimtschnecken nebeneinander auf das Blech setzen und zugedeckt 30 Minuten gehen lassen. Den Ofen auf 240 °C vorheizen.

Das Ei verquirlen, die Zimtschnecken damit bestreichen und mit Hagelzucker bestreuen. Dann im Ofen 5–10 Minuten goldbraun backen. Herausnehmen und abkühlen lassen.

TIPP

Zimtschnecken eignen sich gut zum Einfrieren. Einfach gebacken in Gefrierbeutel verpacken und tiefkühlen. Nach dem Auftauen erneut kurz aufbacken.

„Kanelbullar" sind ein typisch schwedisches Gebäck, das wir letztes Jahr während unseres

Sommerurlaubs im Smaland

fast täglich gegessen haben.

SCHOKO-ERDBEERBODEN

Für 1 Obstkuchenform mit Ø 28 cm

ZUTATEN

4 Eier

130 g Zucker

100 g Weizenmehl (Type 405)

½ Päckchen Backpulver

40 g Backkakaopulver

10 g Mandelblättchen

1 Päckchen roter Tortenguss

800 g Erdbeeren

200 g Sahne

1 TL Puderzucker

Außerdem

Margarine und Mehl
für die Form

ZUBEREITUNG

Den Ofen auf 150 °C vorheizen. Die Form gut einfetten und mit Mehl ausstäuben.

Für den Teig die Eier trennen. Eigelb mit 50 g Zucker und 4 Esslöffel heißem Wasser verrühren. Das Eiweiß mit 40 g Zucker zu Eischnee steif schlagen.

Das Mehl mit Backpulver und Kakaopulver mischen, zur Ei-Zucker-Masse geben und alles gut vermengen. Den Eischnee unterheben und alles gut durchrühren. Zum Schluss die Mandelblättchen unterheben.

Den Teig in die Form geben und im Ofen etwa 30 Minuten backen. Stäbchenprobe machen. Aus dem Ofen nehmen, auf ein Gitter stürzen und abkühlen lassen.

Den roten Tortenguss nach Packungsanleitung mit 250 ml Wasser und den übrigen 2 Esslöffel Zucker zubereiten. Die Erdbeeren waschen und die Stiele abschneiden. Die Beeren trocken tupfen, auf dem Boden verteilen und mit dem Tortenguss überdecken. Im Kühlschrank aushärten lassen.

Die Sahne mit dem Puderzucker steif schlagen und zum Erdbeerboden servieren.

Bei uns gibt es keinen Sommer ohne Erdbeerboden.

Schon als Kinder

haben wir ihn geliebt und jedes Jahr der Erdbeerzeit entgegengefiebert.

Früher hatten wir einen großen Kirschbaum

im Garten stehen. Meine
Schwester und ich konnten
es kaum erwarten, bis die
Kirschen reif zum Pflücken
waren. Die saftigen Vitamin-
bomben in Kombination mit
Kokos und einem luftigen
Biskuit passen wunderbar
in die sonnige Jahreszeit.

KIRSCH-KOKOS-BISKUITTORTE

Für 1 Torte mit Ø 15 cm

ZUTATEN

Für die Böden

5 Eier
130 g Zucker
1 EL Vanillezucker
80 g Weizenmehl (Type 405)
45 g Speisestärke
½ Päckchen Backpulver

Für die Creme

250 g Mascarpone
155 g Puderzucker
250 g Sahne

Außerdem

Margarine für die Formen
Kokosraspel
frische Kirschen

ZUBEREITUNG

Den Ofen auf 175 °C (Umluft) vorheizen. Den Boden von 3 Springformen mit je 15 cm Durchmesser einfetten und die Ränder mit Backpapier auskleiden.

Die Eier trennen. Das Eiweiß mit 40 g Zucker steif schlagen, dabei den Zucker nach und nach einrieseln lassen. Das Eigelb mit 3 Esslöffel heißem Wasser verrühren, restlichen Zucker und Vanillezucker hinzufügen und alles mindestens 5–6 Minuten schlagen, bis sich eine cremige Masse gebildet hat.

Danach den Eischnee vorsichtig mit dem Löffel unter die Eigelbmasse heben. Mehl, Speisestärke und Backpulver mischen, sieben und vorsichtig unterziehen.

Den Teig auf die Springformen verteilen und im Ofen 12–14 Minuten backen, dabei nicht zu dunkel werden lassen. Die Böden aus dem Ofen nehmen und vollständig abkühlen lassen.

Für die Creme den Mascarpone mit 150 g Puderzucker glatt verrühren. Die Sahne mit dem übrigen Puderzucker steif schlagen und unter den Mascarpone heben. Die Creme 1 Stunde kühl stellen.

Die Böden mit je einem Viertel der Creme bestreichen und aufeinandersetzen. Zum Schluss die Torte rundherum mit der restlichen Creme überziehen. Die Torte mit Kokosraspeln und frischen Kirschen garnieren.

TIPP

Sahne schlage ich immer mit 1 Teelöffel Puderzucker steif, das ersetzt das Sahnesteif-Päckchen.

DIY POMPOMS

Für je 1 Pompom mit Ø 25 und 35 cm

MATERIAL

je 8 Seidenpapier- oder Tissue-
Stücke mit je 50 x 35 cm sowie
35 x 25 cm Größe

Draht

Schere

Bindfaden

ANLEITUNG

Je 8 Seidenpapierblätter gleicher Größe übereinanderlegen. Dann jeweils die kurze Seiten zu einem Fächer vor- und zurückfalten.

Die Papierstapel jeweils in der Mitte mit einem Stück Draht umwickeln und festknoten. Die Ecken mit einer Schere abrunden.

An dem Draht einen kleinen Faden befestigen. Die Enden nach und nach anheben und das Papier zur Mitte hin auseinanderzupfen.

TIPP

Die Ecken können anstatt rund auch spitz zugeschnitten werden – das ergibt dann ein anderes Muster der fertigen Pompoms.

Pompoms sind vielseitig als Dekoration einsetzbar. Sie lassen sich ganz einfach in verschiedenen Formen und Farben herstellen. Egal, ob

Geburtstag, Hochzeit, Baby Shower

oder Gartenparty – Pompoms schmücken jedes Fest und setzen schöne Akzente.

ROSA
OMBRE-TORTE

Für 1 Torte mit Ø 15 cm

ZUTATEN

Für die Creme
200 g Sahne
155 g Puderzucker
250 g Mascarpone
rosa Lebensmittelpaste

Für die Böden
150 g weiche Butter
300 g Zucker
2 EL Vanillezucker
500 g Weizenmehl (Type 405)
1 Päckchen Backpulver
250 ml Milch
3 Eiweiß
rote Lebensmittelpaste
4 EL Erdbeerkonfitüre

Außerdem
Margarine und Mehl
für die Formen
Spritzbeutel mit
Lochtülle mit Ø 5 mm
Streichpalette
Cremeglätter/Tortenspachtel
2 Holztortensäulen
einige ungespritzte Blumen

ZUBEREITUNG

Für die Creme die Sahne mit 1 Teelöffel Puderzucker steif schlagen. Die Sahne mit dem Mascarpone vermengen. Den übrigen Puderzucker sieben (sonst klumpt er später) und nach und nach unter die Sahnemasse rühren.

Die Creme im Kühlschrank 3–4 Stunden durchziehen lassen (am besten schon am Vortag zubereiten).

Für die Böden den Ofen auf 180 °C vorheizen. 5 Springformen mit 15 cm Durchmesser einfetten und mit Mehl ausstäuben (wahlweise die Böden nacheinander in 2 Springformen backen).

Die Butter mit Zucker und Vanillezucker cremig rühren. Das Mehl mit dem Backpulver mischen und nach und nach unter die Buttermasse heben. Die Milch ebenfalls einrühren, zum Schluss das Eiweiß steif schlagen und unterheben.

Den Teig gleichmäßig auf 5 Schüsseln verteilen (etwa 240 g Teig pro Schüssel). Den Teig von 4 Schüsseln unterschiedlich stark mit der Lebensmittelpaste einfärben. Dafür reicht es, am Anfang 1 Messerspitze Paste zu verwenden und dann mit jeder weiteren Schüssel etwas mehr Paste einzurühren. Den restlichen Teig nicht färben, er bleibt hell.

Die Teige nacheinander in eine Form geben und im Ofen 25–30 Minuten backen. Stäbchenprobe machen. Die Böden herausnehmen und auf einem Kuchengitter vollständig abkühlen lassen.

4 Böden jeweils mit 1 Esslöffel Konfitüre gleichmäßig bestreichen und aufeinandersetzen. Um die Torte leichter mit der Creme einstreichen zu können, die Tortensäulen zentral in die Böden stecken, diese geben der Torte Halt und sie kann beim Bestreichen mit der Creme nicht verrutschen.

Die Ränder und den Deckel der Torte mit zwei Dritteln der Creme überziehen (dafür eignet sich die Streichpalette besonders gut). Danach die Torte und die restliche Creme 2 weitere Stunden kühl stellen.

Anschließend die übrige Creme auf 3–4 Schüsseln verteilen und unterschiedlich stark mit der Lebensmittelpaste einfärben. Dann schichtweise in einen Spritzbeutel mit Lochtülle füllen, dabei mit der am dunkelsten gefärbten Creme beginnen.

Den Rand der Torte, von oben beginnend spiralförmig mit der restlichen Creme aus dem Spritzbeutel dünn bedecken. Anschließend die Creme mit dem Cremeglätter glatt ziehen.

Die Torte erneut 1 Stunde in den Kühlschrank stellen. Zum Servieren die Blumen anschneiden und die Torte damit garnieren.

TIPP

Ich nutze zum Einfärben meiner Torten immer Lebensmittelpaste, diese hat eine sehr intensive Färbung und man kommt mit einer sehr kleinen Menge aus.

Diese Torte mag ich wegen ihrer Optik besonders gern.

Ich bin ein großer Blumenfan

und habe gern immer frische Blumen um mich herum, ob in einer Vase oder wie hier als Tortendekoration.

DIY BLUMENKRANZ

Für 1 Kranz

MATERIAL

Gartenschere

verschiedene Blumensorten
mit Grün

Draht

Kneifzange

Floristenband

dünner Bindedraht

ANLEITUNG

Verschiedene Blumen in unterschiedlichen Farben und Größen sammeln. Dazu kommt auch etwas Grün, das später mit den Blumen arrangiert wird.

Aus dem Draht einen Kreis formen, entsprechend der Größe des Kopfumfangs. Bei dünnem Draht einfach 2–3 Kreise formen und übereinanderlegen. Den Draht mit dem Floristenband jeweils zur Hälfte überlappend umwickeln. Dadurch sieht man den Draht später nicht mehr und die Blumen halten besser.

Die Blumen und das Grün auf etwa 5 cm kürzen. Je 1 oder 2 Blumen mit etwas Grün mithilfe des Bindedrahts am Kranz befestigen. Diesen Schritt so oft wiederholen, bis der komplette Kranz mit Blumen eingebunden ist.

TIPP

Die Kranz bleibt länger frisch, wenn ihr ihn ab und an mit etwas Wasser bespritzt oder ihn in eine flache Schale mit etwas Wasser legt.

Blumenkränze gehören in Schweden zum Midsommar-Fest als unentbehrliches Accessoire dazu.

Im letzten Schwedenurlaub

habe ich mir einen Kranz aus den Blumen gebunden, die rund um unser kleines rotes Schwedenhaus wuchsen.

Herbst

SCHILLERLOCKEN

Für 8 Stück

ZUTATEN

1 Blätterteigrolle (275 g; aus dem Kühlregal)
1 Eigelb
8 EL Hagelzucker
250 g Sahne
1 TL Puderzucker
1 EL Vanillezucker
50 g Vollmilchkuvertüre

Außerdem

8 Schillerlockenformen mit 14 cm Länge
Margarine für die Formen
Spritzbeutel mit Sterntülle

ZUBEREITUNG

Den Ofen auf 180 °C vorheizen. Ein Backblech mit Backpapier auslegen und die Formen gut einfetten.

Den Blätterteig auseinanderrollen und der Länge nach in 8 gleich große Streifen schneiden. Jeden Streifen, von der Spitze beginnend, leicht überlappend um eine Form wickeln und auf das Backblech legen. Die Blätterteighörnchen mit Eigelb bepinseln und mit Hagelzucker bestreuen.

Die Schillerlocken im Ofen 15-20 Minuten goldgelb backen. Aus dem Ofen nehmen und gut abkühlen lassen, dann vorsichtig mit einer Drehbewegung von den Förmchen lösen.

Die Sahne mit Puderzucker und Vanillezucker steif schlagen. Bis zur Verwendung kühl stellen.

Die Kuvertüre hacken und im warmen Wasserbad langsam schmelzen. Die Öffnung der Schillerlocken in die Kuvertüre tunken und im Kühlschrank auf Backpapier aushärten lassen.

Sobald die Kuvertüre fest ist, die Schillerlocken mithilfe eines Spritzbeutels mit der Vanillesahne füllen und servieren.

TIPP

Vanillezucker kann man ganz einfach selbst machen. Dafür einfach ein Einmachglas mit Zucker füllen. Pro verarbeiteter Vanilleschote werden 100 g Zucker benötigt. Das Mark der Vanilleschoten jeweils herauskratzen und in das Glas geben. Die Vanilleschoten im Anschluss halbieren und ebenfalls zum Zucker hinzufügen. Das Glas fest verschließen und kräftig schütteln.

Einfach das Glas immer wieder mit neuem Zucker auffüllen, die Vanilleschoten geben über Monate ihr Aroma an den Zucker ab.

Schillerlocken waren in meiner Kindheit mein liebstes Sonntagsgebäck.

Zudem sind sie einfach und schnell zubereitet

und eignen sich perfekt, wenn sich überraschend Gäste zu Kaffee und Kuchen ankündigen.

SCONES

Für ca. 15 Stück

ZUTATEN

500 g Weizenmehl (Type 405)
1 Päckchen Backpulver
½ TL Salz
40 g Zucker
2 Eier
120 g weiche Butter
250 g Naturjoghurt

Außerdem

Mehl für die Arbeitsplatte
runde Ausstechform
mit Ø 7 cm
Butter und Konfitüre
zum Servieren

ZUBEREITUNG

Den Ofen auf 190 °C vorheizen. Ein Blech mit Backpapier auslegen.

Das Mehl, Backpulver, Salz und den Zucker in einer Schüssel mischen und die Eier unterheben. Die Butter nach und nach in kleinen Stücken hinzufügen. Zum Schluss den Joghurt unterrühren und alle Zutaten zu einem Teig verkneten.

Den Teig auf der leicht bemehlten Arbeitsplatte mit dem Nudelholz etwa 2 ½ cm dick ausrollen und 15 Kreise mit 7 cm Durchmesser ausstechen. Dabei Teigreste immer wieder verkneten und neu ausstechen.

Die Kreise auf das Blech setzen und im Ofen etwa 15 Minuten backen. Herausnehmen und vor dem Servieren kurz abkühlen lassen. Dann mit Butter und Konfitüre servieren.

TIPP

Die Scones schmecken auch mit Butter und Schokostreuseln belegt sehr lecker. So bekommt man sie in den Niederlanden gern zum Frühstück gereicht.

Scones sind ein britisches Gebäck, welches gern zur Tea Time serviert wird.

Klassisch isst man sie mit Clotted Cream

und Marmelade, ich habe hier die Cream einfach durch frische Butter ersetzt.

VERSUNKENER SCHOKO-BIRNEN-KUCHEN

Für 1 Springform mit Ø 26 cm

ZUTATEN

6 kleine Birnen
2 EL Zitronensaft
2 EL Ahornsirup
100 g Zartbitterkuvertüre
160 g weiche Butter
110 g Zucker
1 EL Vanillezucker
3 Eier
240 g Weizenmehl (Type 405)
½ Päckchen Backpulver
15 g Backkakaopulver
100 ml Milch
etwas Puderzucker

Außerdem

Margarine und Mehl
für die Form

ZUBEREITUNG

Die Birnen schälen und mit einem Entkerner von unten das Kerngehäuse entfernen. Zitronensaft und Ahornsirup mischen und die Birnen damit rundherum bestreichen. Dann im Kühlschrank etwa 30 Minuten durchziehen lassen.

Den Ofen auf 160 °C vorheizen. Die Form einfetten und mit Mehl ausstäuben. Die Kuvertüre hacken und im warmen Wasserbad langsam schmelzen. Danach etwas abkühlen lassen.

Die Butter mit Zucker und Vanillezucker cremig rühren. Nach und nach die Eier unterheben, anschließend die Kuvertüre hinzufügen.

Das Mehl in einer zweiten Schüssel mit Backpulver und Kakaopulver mischen und nach und nach zur Schokocreme geben. Zum Schluss die Milch untermischen.

Den Teig in die Form geben, die Birnen auf dem Teig verteilen und leicht andrücken. Den Kuchen im Ofen etwa 55 Minuten backen. Stäbchenprobe machen. Herausnehmen, etwas abkühlen lassen und mit Puderzucker bestäubt servieren.

TIPP

Am besten schmeckt der Kuchen, wenn er noch leicht warm serviert wird.

Dieser saftig schokoladige Birnenkuchen ist einer meiner liebsten in diesem Buch.

Perfekt für einen gemütlichen Nachmittag

zu Hause oder zum Sonntagskaffee, während draußen der Wind ums Haus fegt.

APFELROSENTARTE

Für 1 Tarteform mit Ø 28 cm

ZUTATEN

Für den Teig

320 g Weizenmehl (Type 405)
80 g Puderzucker
Salz
160 g kalte Butter
5 EL Milch

Für den Belag

4 große rotschalige Äpfel
2 ½ EL Zucker
2 TL Zimt
3 EL Schmand
8 EL Apfelmus
150 g Sahne
1 TL Puderzucker

Außerdem

Mehl für die Arbeitsplatte
Hülsenfrüchte
Spritzbeutel mit Sterntülle

ZUBEREITUNG

Mehl, Puderzucker und 1 Prise Salz mischen. Die Butter in kleinen Stücken dazugeben und die Milch unterrühren. Alles zu einem Mürbeteig verkneten und in Frischhaltefolie gewickelt 1 Stunde kühl stellen.

Die Äpfel waschen, vierteln, entkernen und in 1 mm dünne Scheiben schneiden. Die Apfelscheiben in einem Topf mit Wasser bedecken und 2 Esslöffel Zucker und 1 Teelöffel Zimt hinzufügen. Die Äpfel 1–2 Minuten köcheln lassen, bis sie weich und biegsam sind. In ein Sieb abgießen und kurz abkühlen lassen.

Den Teig auf der leicht bemehlten Arbeitsplatte mit dem Nudelholz in Größe der Form ausrollen und in die Form legen. Den Boden mit Backpapier auslegen und die Hülsenfrüchte einfüllen.

Den Boden zunächst im Ofen etwa 10 Minuten blind backen. Herausnehmen und Hülsenfrüchte und Backpapier wieder entfernen. Den Boden kurz abkühlen lassen, dann mit dem Schmand bestreichen und mit dem Apfelmus bedecken.

Für die Apfelrosen je 8–10 Apfelscheiben überlappend, mit der Schale zur selben Seite, in einer Reihe auf ein Brettchen legen und von einer Seite kommend aufrollen. Die Apfelrosen mit der Schale nach oben in der Form verteilen und leicht ins Apfelmus drücken.

Die Tarte im Ofen etwa 20 Minuten weiterbacken. Aus dem Ofen nehmen und noch warm mit übrigem Zimt und restlichem Zucker bestreuen.

Zum Servieren die Sahne mit dem Puderzucker steif schlagen und mithilfe des Spritzbeutels kleine Sahne-Tuffs auf die Tarte setzen.

TIPP

Wem die Apfelrosen zu aufwendig sind, kann die Äpfel auch in etwas dickere Scheiben schneiden und die Tarte damit einfach gleichmäßig belegen. Dazu müssen die Apfelscheiben nicht vorgegart werden.

Nachdem ich zu einem unserer
Nachbarschafts-Running-
Dinner dieses Rezept in Form
mehrerer kleiner Tartelettes
gebacken hatte,

*habe ich das Rezept
leicht abgewandelt*

und einmal eine große Tarte
gebacken. Die Apfelrosen
sehen doch wirklich wun-
derbar zart aus, oder?

Diese Torte erinnert mich an

die Backkünste meiner Oma.

**Ihre Mokka-Torte war meine
Lieblingstorte und ich habe
sie mir immer wieder zu besonderen Gelegenheiten
von ihr gewünscht.**

KAFFEE-WALNUSS-TORTE MIT MOKKABOHNEN

Für 1 Torte mit Ø 12 cm

ZUTATEN

Für die Böden

5 Eier

125 g Zucker

2 EL Vanillezucker

½ TL abgeriebene unbehandelte Zitronenschale

75 g Weizenmehl (Type 405)

½ Päckchen Backpulver

75 g gemahlene Walnusskerne

Für die Creme

145 ml Milch

2 TL Instant-Kaffeepulver

1 Eigelb

2 EL Zucker

2 EL Vanillezucker

½ Päckchen Vanillepuddingpulver

200 g kalte Butter

Zum Verzieren

2 EL Kakaopulver

50 g Sahne

1 TL Puderzucker

5 Mokkabohnen

3 EL Schokoraspel

Außerdem

Margarine und Mehl für die Formen

Spritzbeutel mit Sterntülle

ZUBEREITUNG

Den Ofen auf 180 °C vorheizen. 4 Springformen mit 12 cm Durchmesser einfetten und mit Mehl ausstäuben.

Die Eier trennen. Das Eigelb mit Zucker, Vanillezucker und Zitronenschale cremig rühren. Das Eiweiß steif schlagen und unter die Eigelbmasse heben. Mehl und Backpulver mischen, sieben und mit den Walnüssen unter den Teig rühren.

Den Teig auf die Formen verteilen und die Böden nebeneinander im Ofen 35 Minuten backen. Stäbchenprobe machen. Herausnehmen und abkühlen lassen.

Für die Creme 125 ml Milch mit Kaffeepulver, Eigelb, Zucker und Vanillezucker verrühren. Unter zügigem Rühren das Puddingpulver einrieseln lassen, so klumpt es nicht. Die Masse in einem Topf aufkochen und die restliche Milch in den zähen Pudding rühren.

Den Pudding in eine Rührschüssel füllen und nach und nach die Butter in kleinen Stücken einrühren, bis eine cremige Masse entstanden ist. Bis zur Verarbeitung kühl stellen (nicht im Kühlschrank, dort wird sie zu fest!).

Die vollständig abgekühlten Böden abwechselnd mit etwas Creme dünn bestreichen und aufeinandersetzen. Anschließend die Torte mit der restlichen Creme rundherum überziehen.

Die Torte oben mit Kakaopulver bestäuben. Die Sahne mit dem Puderzucker steif schlagen. Mithilfe des Spritzbeutels kleine Sahne-Tuffs auf die Torte setzen und mit Mokkabohnen und Schokoraspeln verzieren.

KLEINE HEIDELBEER-PIES

Für 6 Stück

ZUTATEN

Für den Teig

250 g Weizenmehl (Type 405)

75 g Zucker

Salz

1 Ei

150 g weiche Butter

Für die Füllung

200 g Heidelbeeren

4 EL Zucker

1 EL Weizenmehl (Type 405)

1 EL Speisestärke

1 EL weiche Butter

Außerdem

Mehl für die Arbeitsplatte

3 Ausstechformen:
2 Kreise mit Ø 8 cm und
12 cm sowie
1 Stern mit Ø 5 cm

6er-Muffinblech

Margarine und Mehl
für das Blech

1 Ei

1–2 EL brauner Zucker

ZUBEREITUNG

Für den Teig in einer Schüssel Mehl, Zucker und 1 Prise Salz mischen. Eine Mulde eindrücken und das Ei hineingeben. Die Butter in kleinen Stücken dazugeben. Alles erst mit den Knethaken des Handrührgeräts, dann mit den Händen zu einem festen Teig verkneten. In Frischhaltefolie wickeln und 30 Minuten kühl stellen.

Den Teig auf der leicht bemehlten Arbeitsplatte mit dem Nudelholz etwa 4 mm dünn ausrollen. Mit einem Ausstecher je 6 Kreise mit je 8 cm und 12 cm Durchmesser ausstechen. Aus den kleinen Kreisen wiederum jeweils 1 Stern ausstechen.

Den Ofen auf 180 °C vorheizen. Die Mulden des Blechs einfetten und mit Mehl ausstäuben (siehe Tipp). Jeweils 1 großen Teigkreis in eine Muffimulde legen und Boden und Rand etwas andrücken.

Für die Füllung die Heidelbeeren waschen und mit Zucker, Mehl, Speisestärke und Butter vermengen. Die Masse auf die Förmchen verteilen.

Die Ränder der Teigkreise mit dem verquirlten Ei bestreichen. Die kleinen Kreise als Deckel darauflegen und mit einer Gabel den Rand festdrücken. Die Deckel ebenfalls mit Ei bestreichen, zum Schluss mit braunem Zucker bestreuen.

Die Pies im Ofen etwa 20 Minuten backen. Aus dem Ofen nehmen und kurz abkühlen lassen, dann aus den Mulden lösen und vollständig abkühlen lassen.

TIPP

Dazu schmeckt ein Klecks Sahne oder Vanillesoße. Um die Pies später besser aus der Form zu bekommen, kann man zusätzlich in jede Mulde des Blechs kreuzweise 2 Streifen Backpapier setzen. Damit lassen sich die Pies später ganz einfach aus den Mulden nehmen.

Pies findet man in den USA überall. Egal, ob süß oder herzhaft – die Variationsmöglichkeiten sind groß. Ich habe

Heidelbeeren gewählt, die von Juni bis September

Saison haben. Zudem sind die kleinen Beeren äußerst gesund und liefern uns wertvolle Inhaltsstoffe.

DIY TASSEL-KUCHENGIRLANDE

Für 1 Stück

MATERIAL

je 2 rosa und weiße Seidenpapierstücke mit je 5 x 10 cm

weißer Bindfaden

2 Holzspieße

je 1 hellgraues, dunkelgraues
und braunes Bastelkartonstück
mit je 7 x 7 cm

Klebestift

ANLEITUNG

Pro Farbe die Seidenpapierstücke jeweils doppelt aufeinanderlegen und dreimal einschneiden, dabei die
oberen 2 cm nicht einschneiden.

Die Papierstücke ineinanderschieben und den oberen
Teil eindrehen. Je 2 weiße und 2 rosafarbene Quasten
mit einem Faden an 1 Holzspieß befestigen.

Die Bastelkartons aufeinanderlegen und von jeder
Farbe an der geschlossenen Papierkante 2 Dreiecke
mit 2 cm Höhe und 1 cm Breite ausschneiden. Die Dreiecke mit dem Klebestift an einem Faden befestigen.

Die Girlande zwischen die Holzspieße spannen und
befestigen. Mit der Girlande Torten verzieren, dazu die
Holzspieße mit ausreichend Abstand hineinstechen.

**Mein Requisitenfundus
beherbergt mittlerweile
etliche Kuchengirlanden
und Cake Topper.**

*Diese hier kann
man ganz einfach*

**aus nur wenigen Bastel-
materialien selbst herstellen.**

MÜSLITORTE MIT FEIGEN

Für 1 Springform mit Ø 20 cm

ZUTATEN

Für den Boden
100 g Butter
70 ml Ahornsirup
300 g Schoko-Knuspermüsli

Für den Belag
200 g Sahne
Mark von 1 Vanilleschote
1 TL Puderzucker
200 g Frischkäse
200 g Mascarpone
6–8 frische Feigen

Für die Soße
100 g Waldbeeren
1 TL Limettensaft
1 TL Puderzucker

Außerdem
Margarine und Paniermehl
für die Form

ZUBEREITUNG

Die Form einfetten und mit Paniermehl ausstreuen. Die Butter in einem Topf schmelzen. Unter Rühren den Ahornsirup dazugeben und die Masse leicht einköcheln lassen. Dann das Müsli hinzufügen.

Die Masse in der Form gleichmäßig verteilen, leicht andrücken und in den Kühlschrank stellen.

Die Sahne mit Vanillemark und Puderzucker steif schlagen. Frischkäse und Mascarpone glatt verrühren und unter die Vanillesahne heben.

Die Creme auf dem Müsliboden verteilen und glatt verstreichen. Dann die Torte mit Frischhaltefolie zugedeckt über Nacht kühl stellen.

Am nächsten Tag die Feigen waschen, vierteln und auf der Torte verteilen. Die Waldbeeren waschen, trocken tupfen, mit Limettensaft und Puderzucker pürieren und die Torte mit der Soße anrichten.

TIPP

Feigen sind sehr druckempfindlich und sollten daher immer vorsichtig, am besten nebeneinander, gelagert werden. Man erkennt frische Feigen daran, dass sie weich, aber nicht matschig sind.

Diese Torte funktioniert ganz ohne Backen. Frische

Feigen aus dem Mittelmeerraum

haben zwischen Juli und November Hochsaison und passen gut zu einer Creme aus Sahne oder Joghurt.

Ich feiere Halloween sehr gern. Jedes Jahr werden bei uns dann Kürbisse geschnitzt und passende Dekorationen gebastelt. Und da zu besonderen Anlässen eine schöne Torte bei mir nicht fehlen darf, habe ich eine

süße Gespenstertorte

für euch gebacken.
Boohoo – Happy Halloween!

HALLOWEEN-TORTE

Für 1 Torte mit Ø 15 cm

ZUTATEN

Für die Ganache
200 g Sahne
600 g weiße Kuvertüre

Für die Böden
150 g weiche Butter
300 g Zucker
2 Päckchen Vanillezucker
500 g Weizenmehl (Type 405)
1 Päckchen Backpulver
250 ml Milch
3 Eiweiß

Für die Creme
200 g Sahne
1 TL Puderzucker
50 g Quark
1 TL Zucker

Für die Glasur
100 g Zartbitterkuvertüre
50 g Butter

Außerdem
Margarine für die Formen

ZUBEREITUNG

Für die Ganache die Sahne in einem Topf aufkochen. Die weiße Kuvertüre hacken, zur Sahne geben und verrühren. Dann die Masse mit einem Pürierstab homogenisieren und über Nacht kühl stellen.

Am nächsten Tag die Ganache mindestens 1 Stunde vor der Verwendung aus dem Kühlschrank nehmen und kurz aufschlagen.

Für die Böden den Ofen auf 180 °C vorheizen. 2 Springformen mit 15 cm Durchmesser einfetten. Butter, Zucker und Vanillezucker verrühren. Mehl, Backpulver und Milch dazugeben. Das Eiweiß steif schlagen und den Eischnee vorsichtig unterheben.

Die Masse in die Formen verteilen und die Böden im Ofen etwa 55 Minuten backen. Herausnehmen und vollständig abkühlen lassen. Dann beide Böden jeweils in der Mitte waagerecht durchschneiden.

Für die Creme die Sahne mit dem Puderzucker steif schlagen, dann mit dem Quark vermengen. Zum Schluss den Zucker unterheben.

Drei Böden mit jeweils einem Drittel der Creme bestreichen und aufeinandersetzen. Den vierten Boden als Abschluss oben auflegen. Dann die Torte rundherum mit der Ganache überziehen.

Für die Schokoladenglasur Kuvertüre und Butter in kleine Stücke schneiden und langsam in einem Topf schmelzen. Die Glasur leicht abkühlen lassen, so dass sie sich gerade noch verteilen lässt. Dann locker über die Torte gießen, dabei an den Seiten etwas herunterlaufen lassen. Die Torte im Kühlschrank vollständig aushärten lassen.

TIPP

Um die Ganache besser verstreichen zu können, am besten 2 lange Holztortensäulen durch die aufeinandergelegten Böden stechen – das gibt der Torte Halt.

DIY HALLOWEEN-TISCHDEKO

Für 1 Stück

MATERIAL

1 kleiner Hokkaido-Kürbis
Klebeband
goldener und weißer Sprühlack
schwarzer Fotokarton
Schere

ANLEITUNG

Am besten an der frischen Luft arbeiten und ein Stück altes Papier oder Tapete unterlegen. Dann bleibt der Sprühnebel nicht in der Wohnung hängen.

Den Kürbis an den Stellen, wo er später orange bleiben soll, mit Klebeband bekleben. Dabei die Ränder des Klebebands fest andrücken. (Ich habe dafür Malerklebeband aus dem Baumarkt verwendet, das hält sehr gut auf dem Kürbis.)

Den oberen Teil über dem Kürbis mit dem goldenen Sprühlack besprühen. Währenddessen den unteren Teil mit Küchenpapier abdecken. Die Farbe vollständig trocknen lassen.

Anschließend den unteren Teil mit dem weißen Sprühlack auf die gleiche Weise besprühen und vollständig trocknen lassen. Nach dem Trocknen das Klebeband vorsichtig abziehen.

Aus einem kleinen Stück schwarzen Fotokarton habe ich mir Fledermäuse ausgeschnitten und als Dekoration an die Gabeln geklemmt.

TIPP

Beim Lackieren des Kürbisses am besten Einmalhandschuhe tragen – das schützt die Hände vor Farbflecken, die sich nur schwer wieder abwaschen lassen.

Zu einer richtigen

Halloween-Party

gehört auch die passende Dekoration. Neben dem klassischen Kürbisschnitzen könnt ihr Kürbisse genauso in verschiedenen Mustern und Farben lackieren.

Zu diesem Rezept hat mich der unglaublich leckere Rotweinkuchen der Mutter meines Freundes inspiriert. Er schmeckt so

schön saftig schokoladig

und ist ein absoluter Klassiker unter den Kuchen, der bei uns häufig zu Geburtstagen auf der Kaffeetafel steht.

ROTWEINKUCHEN

Für 1 Gugelhupfform mit Ø 24 cm

ZUTATEN

Für den Teig

250 g Zucker

250 g weiche Margarine

4 Eier

280 g Weizenmehl (Type 405)

1 Päckchen Backpulver

1 EL Vanillezucker

1 TL Zimt

1 TL Backkakaopulver

Nelkenpulver

frisch geriebene Muskatnuss

250 ml Rotwein

120 g Schokostreusel

Für Guss und Topping

250 g Puderzucker

2 EL Zitronensaft

100 g Zucker

8 Walnusskernhälften

8 Sternanis

Außerdem

Margarine und Paniermehl
für die Form

ZUBEREITUNG

Den Ofen auf 180 °C vorheizen. Die Form einfetten und mit Paniermehl ausstreuen. Zucker und Margarine verrühren. Die Eier nach und nach unterheben.

Mehl mit Backpulver, Vanillezucker, Zimt, Kakaopulver sowie je 1 Prise Nelkenpulver und Muskatnuss mischen und mit dem Teig gut verrühren.

Nach und nach den Rotwein vorsichtig dazugeben und so lange kräftig weiterrühren, bis sich alle Zutaten gut vermischt haben. Zum Schluss per Hand die Schokostreusel unterrühren.

Den Teig in die Form geben und im Ofen 55 Minuten backen. Stäbchenprobe machen. Den Kuchen aus dem Ofen nehmen und vollständig abkühlen lassen, dann auf eine Kuchenplatte stürzen.

Für den Zuckerguss den Puderzucker mit 4 Esslöffel Wasser und dem Zitronensaft verrühren. Den Guss auf dem Kuchen verteilen.

Für die Walnusskerne den Zucker in einem kleinen Topf langsam erhitzen, bis er anfängt zu karamellisieren und braun wird. Dann zügig die Walnusskerne unterheben und die Masse sofort auf Backpapier abkühlen lassen. Anschließend den Kuchen mit den karamellisierten Walnusskernen und Sternanis dekorieren und im Kühlschrank aushärten lassen.

TIPP

Der Kuchen schmeckt besonders gut am nächsten Tag, wenn er über Nacht schön durchziehen konnte.

S'MORES CUPCAKES

Für 24 Stück

ZUTATEN

Für den Boden
16 Butterkekse
100 g geschmolzene Butter
2 EL Honig

Für den Teig
150 g weiche Butter
150 g Zucker
1 EL Vanillezucker
2 Eier
100 g Zartbitterkuvertüre
250 g Weizenmehl (Type 405)
Salz
½ Päckchen Backpulver
½ Päckchen Schokopudding-
pulver
75 ml Milch

Für das Frosting
3 Eiweiß
150 g Zucker

Außerdem
2 x 12er-Muffinbleche
24 Muffin-Papierbackförmchen
Spritzbeutel mit Sterntülle
Flambierer
je 24 Mini-Butterkekse und
Zartbitterschokoladenstücke

ZUBEREITUNG

Den Ofen auf 150 °C vorheizen. Die Mulden des Blechs mit Papierbackförmchen auslegen.

Für die Böden die Butterkekse zerbröseln, dazu am besten in einen Gefrierbeutel legen und mit dem Nudelholz klein klopfen. Anschließend mit Butter und Honig vermengen, auf die Muffinförmchen verteilen und mit einem Teelöffel andrücken.

Für den Teig die Butter mit Zucker, Vanillezucker und Eiern verrühren. Die Zartbitterkuvertüre hacken, im warmen Wasserbad schmelzen und unterheben.

Das gesiebte Mehl mit 1 Prise Salz, Backpulver und Schokopuddingpulver mischen und unter die Masse heben. Zum Schluss die Milch unterrühren.

Den Teig auf die Muffinförmchen verteilen und im Ofen 20 Minuten backen. Die Stäbchenprobe machen. Aus dem Ofen nehmen und abkühlen lassen.

Sobald die Muffins abgekühlt sind, für das Frosting das Eiweiß mit dem Zucker steif schlagen und mithilfe des Spritzbeutels auf den Muffins verteilen. Das Topping kurz mit dem Flambierer bräunen.

Anschließend die Cupcakes mit je 1 Mini-Butterkeks und Schokoladenstück garnieren.

Zu diesem Rezept hat mich meine Schwester inspiriert. Denn während ihres USA-Aufenthalts haben sie dort regelmäßig S'mores über dem Lagerfeuer

gebrutzelt und gegessen.

PFANNKUCHENTORTE MIT GEZUCKERTEN FRÜCHTEN

Für 1 Torte mit ca. Ø 15 cm

ZUTATEN

Für die Pfannkuchen

2 Eier

350 ml Milch

300 g Weizenmehl (Type 405)

etwas Öl zum Ausbacken

Für die Creme

200 g Sahne

1 TL Puderzucker

200 g Crème fraîche

2 EL Zucker

Mark von 1 Vanilleschote

125 g gemischte Beeren

Für die gezuckerten Früchte

4 EL Zucker

100–150 g frisches Obst (z. B. Äpfel, Brombeeren, Pflaumen)

Zucker oder Puderzucker zum Bestreuen

ZUBEREITUNG

Aus Eiern, Milch und Mehl mit einem Schneebesen einen zähflüssigen Teig verrühren. Aus dem Teig in einer Pfanne in etwas Öl 7 Pfannkuchen mit 15 cm Durchmesser von beiden Seiten braun backen. Dann die Pfannkuchen auf einem Gitter abkühlen lassen.

Für die Creme die Sahne mit dem Puderzucker steif schlagen. Mit Crème fraîche, Zucker und Vanillemark gleichmäßig verrühren.

4 Esslöffel Creme zur Seite stellen. Die Beeren waschen, verlesen und trocken tupfen, dann unter die restliche Creme rühren.

Die Pfannkuchen schichtweise mit der Beerencreme bestreichen und aufeinandersetzen. Zum Schluss die restlichen 4 Esslöffel Creme auf dem obersten Pfannkuchen verteilen.

Für die Zuckerfrüchte den Zucker mit 2 Esslöffel Wasser in einem kleinen Topf so lange kochen, bis sich der Zucker aufgelöst hat. Den Sirup etwas abkühlen lassen.

Das Obst waschen, falls nötig, in Stücke schneiden und entkernen. Dann mit dem abgekühlten Sirup bestreichen und mit Zucker oder Puderzucker bestreuen. Die Pfannkuchentorte mit den Zuckerfrüchten servieren.

Pfannkuchen werden bei uns häufig gebacken. Egal, ob

süß oder herzhaft,

sie lassen sich mit vielen Zutaten kombinieren und man hat die Grundzutaten immer im Haus.

PFLAUMENKUCHEN
IM GLAS

Für 8 ofenfeste Gläser mit je 240 ml Inhalt

ZUTATEN

Für den Teig

200 g weiche Butter

200 g Zucker

4 Eier

200 g Weizenmehl (Type 405)

Salz

1 Päckchen Backpulver

6 Pflaumen

Für die Streusel

120 g Butter

200 g Weizenmehl (Type 405)

40 g Zucker

1 TL Zimt

1 TL Vanillezucker

Für das Topping

200 g Sahne

1 TL Puderzucker

60 g Vanillezucker

60 g Mandelblättchen

Außerdem

Margarine für die Gläser

ZUBEREITUNG

Den Ofen auf 180 °C vorheizen. Die Gläser gut einfetten. Die Butter mit Zucker und Eiern verrühren. Mehl, 1 Prise Salz und Backpulver nach und nach dazugeben und alles zu einem zähflüssigen Teig verrühren.

Den Teig gleichmäßig auf die Gläser verteilen, sie sollten nur zu einem Drittel mit Teig gefüllt sein, da er noch stark aufgeht.

Die Pflaumen waschen, entkernen und in kleine Stücke schneiden. Ebenso auf alle Gläser gleichmäßig auf dem Teig verteilen.

Für die Streusel die Butter schmelzen. Mehl, Zucker, Zimt und Vanillezucker mischen. Die Butter unterheben und alles mit einem Knethaken zu Streuseln verrühren. Die Streusel auf die Gläser verteilen.

Die kleinen Kuchen im Ofen 30–35 Minuten backen. Stäbchenprobe machen. Aus dem Ofen nehmen und abkühlen lassen.

Die Sahne mit dem Puderzucker steif schlagen. Den Vanillezucker unter Rühren in einem Topf erhitzen, bis eine braune Karamellmasse entsteht. Die Mandelblättchen zügig unterheben, kurz durchmischen und sofort auf ein Backpapier legen. Die Krokantmasse abkühlen lassen und anschließend klein hacken.

Die Kuchen im Glas jeweils mit Sahne und Mandelkrokant dekorieren und servieren.

TIPP

Kleine Kuchen im Glas eignen sich ausgezeichnet zum Verschenken. Einfach jedes Glas mit einem hübschen Schleifenband umbinden und bei Bedarf mit einem passenden Deckel gut verschließen.

Pflaumenkuchen hat uns früher immer besonders gut mit Omas leckeren Streuseln und Sahne geschmeckt. Heute serviere ich ihn nicht als Blechkuchen, sondern *hübsch verpackt im Glas.*

PANCAKES

Für 12 Stück

ZUTATEN

3 Eier
100 ml Mandeldrink
Salz
2 EL Zucker
1 EL Vanillezucker
90 g Vollkornweizenmehl
10 g Backkakaopulver
Heidelbeeren, frische Minze,
Puderzucker und Ahornsirup
zum Servieren

ZUBEREITUNG

Die Eier mit Mandeldrink, 1 Prise Salz, Zucker und Vanillezucker mit einem Schneebesen verrühren. Nach und nach 80 g Vollkornmehl unterheben.

Den Teig gleichmäßig auf 2 Schüsseln verteilen. Unter eine Hälfte das Kakaopulver, unter die andere das restliche Vollkornmehl rühren.

Aus jedem Teig in einer beschichteten Pfanne ohne Fett jeweils 6 Pancakes von beiden Seiten backen. Dafür kein Öl verwenden und die Pfanne auf niedriger Stufe erhitzen.

Die hellen und dunklen Pancakes abwechselnd aufeinanderstapeln und mit Heidelbeeren, Minze, Puderzucker und Ahornsirup garnieren.

Pancakes sind absolute Frühstücksklassiker.

Wie auch bei den Pfannkuchen hat man die Grundzutaten meist immer zu Hause und kann sie je nach Lust und Laune auf verschiedene Arten kombinieren. Zudem eignet sich der Mandeldrink als ein perfekter Kuhmilchersatz.

Winter

In die Weihnachtszeit
gehört auch das Backen
von Lebkuchen.

*Das wusste schon
Pippi Langstrumpf,*

die zu Weihnachten in ihrer
Küche große Pfefferkuchen-
stücke immer auf dem Küchen-
boden ausrollte.

LEBKUCHENMÄNNER
AM STIEL

Für 21 Lebkuchenmänner und 12 Muffins

ZUTATEN

Für die Lebkuchenmänner

150 g flüssiger Honig

100 g brauner Zucker

100 g Butter

300 g Weizenmehl (Type 405)

1 Päckchen Backpulver

½ Päckchen Lebkuchengewürz

100 g Puderzucker

Saft von ½ Zitrone

50 g Vollmilchkuvertüre

rote Esskonfetti

Für die Muffins

250 g Weizenmehl (Type 405)

2 EL Backkakaopulver

125 g Zucker

1 EL Vanillezucker

Salz

½ Päckchen Backpulver

125 g weiche Butter

1 Ei

100 ml Milch

Außerdem

Mehl für die Arbeitsplatte

21 Cake-Pop-Stiele

Ausstechform Lebkuchenmann
mit 8 cm Höhe

Spritzbeutel mit Lochtülle
mit Ø 1 mm

12er-Muffinblech

Margarine und Mehl
für das Blech

ZUBEREITUNG

Honig, Zucker und Butter im Topf schmelzen, bis der Zucker sich aufgelöst hat, dann abkühlen lassen. Mehl, Backpulver und Gewürz mischen und mit der flüssigen Masse verkneten. Den Teig in Frischhaltefolie wickeln und über Nacht kühl stellen.

Am nächsten Tag den Teig etwa 30–60 Minuten vor der Verarbeitung aus dem Kühlschrank nehmen. Den Backofen auf 180 °C vorheizen. Ein Backblech mit Backpapier auslegen.

Den Teig auf der leicht bemehlten Arbeitsplatte mit dem Nudelholz 5–8 mm dick ausrollen und 21 Lebkuchenmänner ausstechen. Auf das Blech legen, in jeden Lebkuchenmann 1 Cake-Pop-Stiel drehen und im Ofen etwa 10 Minuten backen. Herausnehmen und abkühlen lassen.

Aus Puderzucker und Zitronensaft einen Zuckerguss rühren. Die Kuvertüre hacken und im warmen Wasserbad schmelzen. Die Lebkuchenmänner mit Zuckerguss und Kuvertüre mithilfe des Spritzbeutels verzieren. Als Bäckchen rote Esskonfetti aufsetzen.

Für die Muffins den Ofen auf 180 °C vorheizen. Die Mulden des Muffinblechs einfetten und mit Mehl ausstäuben. Mehl, Kakao, Zucker, Vanillezucker, 1 Prise Salz und Backpulver mischen. Butter, Ei und Milch nach und nach dazugeben und alles zu einem zähen Teig verrühren. Den Teig in die Mulden des Blechs verteilen und im Ofen 20 Minuten backen. Stäbchenprobe machen. Die Muffins herausnehmen und abkühlen lassen.

12 Lebkuchenmänner in jeweils 1 Muffin stecken und servieren, die übrigen verschenken (siehe Tipp) oder anderweitig verwenden.

TIPP

Die kleinen Lebkuchenmänner eignen sich hervorragend zum Verschenken. Dafür einfach jeweils 1 Lebkuchenmann in eine kleine Zellophantüte stecken und am Stiel mit einem Schleifenband festknoten.

STUTENKERLE

Für 5 Stück

ZUTATEN

250 g Quark
80 ml Milch
70 ml Speiseöl
200 g Zucker
Mark von 2 Vanilleschoten
Salz
475 g Weizenmehl (Type 405)
1 Päckchen Backpulver
je 15 Mandeln und Korinthen
5 ofenfeste Tonpfeifen

Außerdem

Mehl für die Arbeitsplatte
Ausstechform für
Stutenkerle mit Ø 25 cm
5 Kirschlollis

ZUBEREITUNG

Den Quark mit Milch, Öl, Zucker, Vanillemark und 1 Prise Salz verrühren. Mehl und Backpulver dazugeben und alles zu einer leicht klebrigen Masse verrühren. Den Teig in Frischhaltefolie wickeln und 1 Stunde kühl stellen.

Den Ofen auf 200 °C vorheizen. 3 Backbleche mit Backpapier auslegen. Den Teig auf der leicht bemehlten Arbeitsplatte mit dem Nudelholz etwa 5 mm dünn ausrollen und 5 Stutenkerle ausstechen.

Jeweils 2 Stutenkerle nebeneinander auf ein Blech legen und mit den Korinthen, Mandeln und Pfeifen verzieren. Im Ofen 12–15 Minuten goldbraun backen.

Die Stutenkerle aus dem Ofen nehmen und abkühlen lassen. Zum Schluss jeweils 1 Kirschlolli in jeden Stutenkerl stecken.

Stutenkerle, auch Weckmänner genannt, gab es *einmal im Jahr zum St.-Martins-Umzug.* Laut der Überlieferung sollen die Gebäckfiguren einen Bischof mit einem tönernen Bischofsstab darstellen.

Buchteln, auch Ofennudeln
genannt, erinnern mich an
Kindertage, an denen wir uns

nach langen Schneespaziergängen

auf den Geruch heißer Vanillesoße gefreut haben.

GEFÜLLTE BUCHTELN
MIT VANILLESOSSE

Für 12 Stück

ZUTATEN

Für die Buchteln
500 g Weizenmehl (Type 405)
1 Würfel frische Hefe (42 g)
80 g Zucker
250 ml lauwarme Milch
Mark von 1 Vanilleschote
Salz
1 Ei
80 g weiche Butter
12 TL Zwetschgenmus
2 EL geschmolzene Butter
Puderzucker zum Bestäuben

Für die Soße
500 ml Milch
1 Vanilleschote
6 Eigelb
100 g Zucker

Außerdem
Margarine und Mehl
für die Form
Mehl für die Arbeitsplatte

ZUBEREITUNG

Für den Teig das Mehl in eine Schüssel sieben. In die Mitte eine Mulde drücken und die Hefe hineinbröseln. 1 Teelöffel Zucker und 50 ml lauwarme Milch daraufgeben und die Hefe leicht mit Mehl bedecken. Zugedeckt an einem warmen Ort 10 Minuten gehen lassen.

Dann das Vanillemark, 1 Prise Salz, den restlichen Zucker und die übrige Milch dazugeben und verkneten. Das Ei unterheben und nach und nach die Butter hinzufügen. Alles zu einem klebrigen Teig verkneten. Den Teig zugedeckt 40 Minuten gehen lassen.

Eine Auflaufform einfetten und mit Mehl ausstäuben. Den Teig auf der leicht bemehlten Arbeitsplatte kurz durchkneten und zu einer etwa 60 cm langen Wurst formen. Den Teig in 12 gleich große Stücke schneiden.

Jedes Teigstück mit dem Nudelholz etwas ausrollen, mit je 1 Teelöffel Zwetschgenmus bestreichen und zu einer Kugel formen. Die Buchteln in die Auflaufform setzen, mit der geschmolzenen Butter bepinseln und zugedeckt 15 Minuten gehen lassen. Den Ofen auf 180 °C vorheizen.

Die Buchteln im Ofen etwa 30 Minuten hellbraun backen. Herausnehmen und mit Puderzucker bestäuben.

Für die Vanillesoße die Milch mit der aufgeschlitzten Vanilleschote in einem Topf aufkochen. Die Schote herausnehmen, das Mark herauskratzen und in die Milch geben. Das Eigelb mit dem Zucker cremig verrühren.

Nach und nach die Eigelbmischung in die heiße Milch rühren. Alles erneut unter ständigem Rühren auf niedriger Stufe erhitzen, dabei darauf achten, dass die Soße nicht kocht! So lange weiterrühren, bis die Soße leicht angedickt ist. Vom Herd nehmen und zu den Buchteln servieren.

TIPP

Hefeteig mag es gern warm zum Gehen. Bei uns funktioniert das immer am besten auf der Heizung oder im Backofen auf niedrigster Stufe.

NUSSECKENHERZ

Für 1 Herzbackform mit Ø 18–20 cm

ZUTATEN

Für den Teig

115 g Weizenmehl (Type 405)
½ Päckchen Backpulver
50 g Zucker
1 EL Vanillezucker
1 Ei
50 g Margarine

Für den Belag

75 g Butter
75 g Zucker
1 EL Vanillezucker
50 g gemahlene Haselnusskerne
100 g gehackte Haselnusskerne
2 EL Aprikosenkonfitüre

Für den Guss

100 g Vollmilchkuvertüre

Außerdem

Margarine und Mehl
für die Form

ZUBEREITUNG

Den Ofen auf 180 °C vorheizen. Die Form einfetten und mit Mehl ausstäuben.

Für den Teig Mehl, Backpulver, Zucker und Vanillezucker mischen. Ei und Margarine dazugeben und alles zu einem zähen Teig verkneten. Den Teig gleichmäßig in der Form verteilen.

Für den Belag die Butter mit Zucker, Vanillezucker und 1 Esslöffel Wasser in einem Topf schmelzen. Dann die gemahlenen und gehackten Haselnüsse unterrühren.

Den Teig zuerst mit der Konfitüre bestreichen, dann die Nussmasse gleichmäßig auf dem Teig verteilen. Das Nussherz im Ofen 25 Minuten backen. Herausnehmen, aus der Form lösen und abkühlen lassen.

Die Kuvertüre hacken und im warmen Wasserbad schmelzen. Den Rand des Nussherzens mit geschmolzener Kuvertüre bestreichen. Im Kühlschrank aushärten lassen. Zum Servieren das Nusseckenherz in Stücke schneiden.

TIPP

Die Nussecken am besten in einer Blechdose aufbewahren, so halten sie sich am längsten frisch.

Nussecken sind eine meiner liebsten Gebäcksorten in der Adventszeit. Wie hier mit

Haselnusskernen und Aprikosenkonfitüre

schmecken sie so richtig schön fruchtig-nussig mit einem Hauch Schokolade.

Wer im Winter gern Maronen isst,

wird diese süßen Hefeknoten lieben. Denn bestrichen werden die Brioches mit einer leckeren Creme aus gegarten Maronen. Sie verleihen den Knoten einen angenehmen, nussig-süßen Geschmack.

BRIOCHES MIT MARONEN

Für 12 Stück

ZUTATEN

Für die Creme
400 g vorgegarte Maronen
(vakuumverpackt)
180 g brauner Zucker
Mark von 1 Vanilleschote

Für den Teig
15 g frische Hefe
250 ml lauwarme Milch
3 EL Zucker
450 g Weizenmehl (Type 405)
1 TL Salz
50 g geschmolzene Butter

Außerdem
Mehl für die Arbeitsplatte
1 Ei
3 EL brauner Zucker

ZUBEREITUNG

Für die Creme die Maronen in 350 ml Wasser etwa 15 Minuten garen. Anschließend das Wasser abgießen und die Maronen fein pürieren. Dann Zucker und Vanillemark dazugeben und alles bei niedriger Hitze unter Rühren etwa 15 Minuten einkochen lassen, bis eine cremige Masse entstanden ist.

Für den Teig die Hefe in die lauwarme Milch bröseln und den Zucker dazugeben. Alles verrühren und zugedeckt an einem warmen Ort 5 Minuten gehen lassen.

Das Mehl in eine Schüssel sieben und das Salz unterrühren. Die Hefemilch und die Butter hinzufügen und alles zu einem glatten, geschmeidigen Hefeteig kneten. Sollte er zu klebrig sein, noch etwas Mehl mit unterkneten. Den Teig zugedeckt an einem warmen Ort 2 Stunden gehen lassen.

2 Backbleche mit Backpapier auslegen. Den Teig in 12 gleich große Portionen teilen. Jede Portion auf der leicht bemehlten Arbeitsplatte mit dem Nudelholz zu einem Rechteck (30 x 8–10 cm) ausrollen.

Jedes Teigrechteck mit Maronencreme bestreichen und von der Längsseite her einrollen. Jede Teigrolle der Länge nach in der Mitte mit einem scharfen Messer durchschneiden, dabei die obersten 2 cm aussparen, dort bleibt die Teigrolle jeweils ganz.

Die beiden Stränge vom zusammenhängenden Ende beginnend umeinanderzwirbeln. Dann den Strang zu einem Knoten legen und die Enden jeweils von oben und unten durch das entstandene Loch stecken.

Jeweils 6 Brioches mit ausreichend Abstand auf ein Blech legen und zugedeckt 20 Minuten gehen lassen. Den Ofen auf 180 °C vorheizen.

Die Brioches mit dem verquirlten Ei bestreichen und mit braunem Zucker bestreuen. Dann im Ofen 20–25 Minuten goldgelb gebacken. Aus dem Ofen nehmen und vor dem Servieren etwas abkühlen lassen.

SCHWEINCHEN AUS QUARK-ÖL-TEIG MIT DIP

Für ca. 24 Stück

ZUTATEN

Für den Teig

200 g Quark

50 ml Milch

50 ml Speiseöl

1 Päckchen Backpulver

300 g Weizenmehl (Type 405)

Für den Dip

150 g Naturjoghurt

100 g Schmand

Salz, Pfeffer

3 EL Schnittlauchröllchen

Außerdem

Mehl für die Arbeitsplatte

2 runde Ausstechformen mit
Ø 3 cm und 6 cm

1 Ei

weiße und schwarze Zuckerschrift oder Rosinen

Holzstäbchen

ZUBEREITUNG

Den Ofen auf 175 °C vorheizen. Ein Backblech mit Backpapier auslegen. Quark, Milch und Öl in einer Schüssel vermengen. Dann Backpulver und Mehl hinzufügen und alles zu einem Teig verkneten.

Den Teig auf der leicht bemehlten Arbeitsplatte mit dem Nudelholz ausrollen. Für jedes Schweinchen 1 großen und 2 kleine Kreise ausstechen.

Die großen Kreise der Reihe nach auf das Blech legen und mit dem verquirlten Ei bestreichen. Je 1 kleinen Kreis als Nase auf den großen Kreis setzen. Die zweiten kleinen Kreise in der Mitte halbieren und als Ohren auf den großen Kreis legen.

Nasen und Ohren ebenfalls mit Ei bestreichen. Mit dem Holzstäbchen Nasenlöcher in die kleinen Kreise stechen. Wer Rosinen als Augen verwenden möchte, drückt diese nun in den Teig.

Die Schweinchen im Ofen 20 Minuten goldgelb backen. Herausnehmen und abkühlen lassen. Dann mit weißer und schwarzer Zuckerschrift die Augen aufmalen, falls keine Rosinen verwendet wurden.

Für den Dip Joghurt und Schmand verrühren. Mit Salz und Pfeffer würzen und den Schnittlauch unterrühren. Die Schweinchen mit dem Dip servieren.

Wir genießen Silvester gemüt-
lich mit Freunden beim gemein-
samen Essen. Für den Silvester-
abend darf es auch mal etwas
Besonderes sein:

Leckeres Essen, tolle Deko,

ein bisschen Glitzer und die klassischen Rituale wie Bleigießen,
Knallbonbons und kleine Glücks-
bringer. Diese kommen hier in
Form von kleinen Schweinchen
mit Schnittlauchdip daher.

DIY KNALLBONBONS

Für 4 Stück

MATERIAL

4 weiße Seidenpapierstücke mit je 16 x 26 cm Größe

4 Toilettenpapierrollen

4 Zündstreifen (Cracker Snaps)

Heißklebepistole

je 2 goldene und kupferfarbene Bastelbogen mit je 9,5 x 16 cm Größe

goldenes und silbernes Geschenkband

Klebeband

Schere

Füllmaterial nach Belieben (wahlweise Konfetti, Nachrichten, Bonbons, Spielzeug)

ANLEITUNG

Auf jedes Seidenpapier mittig 1 Toilettenpapierrolle legen. Jeweils 1 Zündstreifen durch die Rolle schieben und seitlich die Enden mit einer Heißklebepistole auf das Seidenpapier kleben.

Die Rolle in das Seidenpapier einrollen und überlappend mit Klebeband fixieren. (Dabei nicht die Rolle selbst mit dem Seidenpapier verkleben!)

Die Bastelbogen über das Seidenpapier auf die Rolle legen und erneut überlappend mit Klebeband fixieren.

Zuerst ein Ende jedes Bonbons mit Geschenkband verschließen und das Bonbon nach Wunsch mit kleinen Nachrichten, Konfetti oder Glücksschweinchen füllen.

Anschließend das andere Ende ebenfalls mit Geschenkband verschließen.

TIPP

Die Bonbons können auch mit Klebezetteln mit Namen berühmter Persönlichkeiten gefüllt werden. Damit lässt sich dann in einer Runde mit Gästen das Spiel „Wer bin ich!" spielen.

Ich liebe Knallbonbons zu Silvester – ob als Geschenk, Überraschung für Partygäste oder nette Tischdeko.

Befüllt mit Konfetti

oder kleinen Nettigkeiten, machen sie bestimmt jedem Gast eine Freude.

BROWNIES MIT WALNÜSSEN

Für ca. 24 Stück

ZUTATEN

300 g Weizenmehl (Type 405)

30 g Backkakaopulver

1 Päckchen Backpulver

150 g brauner Zucker

150 g Zucker

1 Päckchen Vanillezucker

½ TL Salz

4 Eier

300 ml Speiseöl

50 g Sahne

200 g gehackte Walnusskerne

150 g Schokotropfen

1 Glas Sauerkirschen

75 g weiße Kuvertüre

ZUBEREITUNG

Den Ofen auf 160 °C vorheizen. Ein Backblech mit Backpapier auslegen. Mehl, Kakaopulver und Backpulver mischen und in eine Schüssel sieben.

Den braunen Zucker sowie Zucker, Vanillezucker, Salz, Eier, Öl und Sahne hinzufügen und alles zu einem glatten Teig verrühren.

Walnüsse und Schokotropfen dazugeben. Zum Schluss die abgetropften Kirschen mit der Hand unterrühren.

Den Teig auf das Blech geben und glatt verstreichen. Im Ofen etwa 25 Minuten backen. Herausnehmen und abkühlen lassen.

Die Kuvertüre hacken und im warmen Wasserbad schmelzen. Dann mit einem Löffel locker auf dem Kuchen verteilen. Zum Servieren in Stücke schneiden.

Seitdem meine Schwester einige Monat in Amerika gelebt hat, backen wir gerade in der Winterzeit sehr gern

die traditionellen amerikanischen Kuchen.

Der Rührteig schmeckt mit Kakao, Kirschen und Nüssen besonders gut.

SAURE-SAHNE-PLÄTZCHEN

Für ca. 80 Stück

ZUTATEN

Für den Teig

250 g weiche Butter
100 g saure Sahne
Mark von 1 Vanilleschote
1 Prise Salz
1 Ei
½ Päckchen Backpulver
250 g Weizenmehl (Type 405)

Außerdem

Mehl für die Arbeitsplatte
Ausstechform in Sternform
2 Eigelb
Hagelzucker

ZUBEREITUNG

Die Butter in kleinen Stücken in eine Rührschüssel geben. Die übrigen Zutaten nach und nach dazugeben und alles zu einem leicht klebrigen Teig verkneten. Den Teig in Frischhaltefolie wickeln und 2 Stunden in den Kühlschrank stellen.

Den Ofen auf 180 °C vorheizen. 2 Backbleche mit Backpapier auslegen. Den Teig auf der leicht bemehlten Arbeitsplatte mit dem Nudelholz dünn ausrollen und Sterne ausstechen.

Die Plätzchen mit 1–2 cm Abstand auf das Blech legen, mit dem verquirlten Eigelb bestreichen und mit Hagelzucker bestreuen. Im Ofen 12–15 Minuten goldgelb backen. Herausnehmen und abkühlen lassen.

Diese Plätzchen dürfen neben Spritzgebäck in meiner jährlichen Weihnachtsbäckerei nicht fehlen.

Der Teig ist schön knusprig

und die Plätzchen sind nicht zu süß. Am besten in einer Blechdose aufbewahren!

COOKIES-BACKMISCHUNG ZUM VERSCHENKEN

Für 1 Glas mit 400 ml Inhalt

ZUTATEN

Für das Glas

50 g Zucker

40 g brauner Zucker

1 EL Vanillezucker

110 g Weizenmehl (Type 405)

½ TL Backpulver

Salz

50 g gehackte Haselnusskerne

½ Päckchen Schokotröpfchen

3 EL bunte Schokolinsen

Außerdem

Schraubglas mit 400 ml Inhalt

weißer Sprühlack

Masking Tape

Heißklebepistole

Dekomaterial wie Tierfiguren oder Tannenbäumchen

Dymo-Gerät

Papieranhänger

Kordel

ZUBEREITUNG

Den Deckel des Schraubglases abnehmen und mit weißem Lack besprühen. Dazu am besten draußen arbeiten und ein Stück Tapete oder Zeitung unterlegen. Nach dem Trocknen den Rand des Deckels mit Masking Tape bekleben. Mit einer Heißklebepistole die Figuren und Tannen auf dem Deckel festkleben.

In das Glas schichtweise Zucker, braunen Zucker, Vanillezucker, Mehl, Backpulver, Salz, Haselnusskerne, Schokotröpfchen und Schokolinsen füllen. Das Glas mit dem Deckel verschließen. Einen Papieranhänger mit dem Dymo-Gerät beschriften und mit einer Kordel an das Glas hängen.

Außerdem noch das Rezept am Glas anbringen, dazu folgenden Text ausdrucken: „Den Ofen auf 160 °C vorheizen. Ein Backblech mit Backpapier auslegen. Alle Zutaten mit 1 Ei und 75 g Margarine zu einem klebrigen Teig verrühren. Den Teig in kleinen Häufchen auf das Blech verteilen, dabei genügend Abstand zwischen den einzelnen Cookies lassen. Die Cookies im Ofen etwa 10 Minuten backen. Herausnehmen und leicht abkühlen lassen."

TIPP

Die Cookies-Backmischung kann auch mit anderen Nüssen oder Schokoladensorten kombiniert werden.

Kleine Grüße aus der eigenen
Küche sind immer eine nette
Idee als Mitbringsel oder für
ein Geschenk. Denn wer freut
sich nicht über selbst

*gebackene Cookies
frisch aus dem Ofen?*

COOKIES

COOKIES MIT SCHOKOLINSEN

Für ca. 30 Stück

ZUTATEN

180 g Weizenmehl (Type 405)
½ Päckchen Backpulver
Salz
80 g brauner Zucker
2 EL Vanillezucker
100 g Zucker
100 g gehackte Haselnusskerne
150 g Margarine
1 großes Ei
1 Päckchen Schokotröpfchen
6 EL bunte Schokolinsen

ZUBEREITUNG

Den Ofen auf 160 °C vorheizen. Ein Backblech mit Backpapier auslegen.

Das Mehl mit Backpulver, 1 Prise Salz, braunem Zucker, Vanillezucker, Zucker und Haselnusskernen verrühren. Die Margarine und das Ei unterheben. Zum Schluss die Schokotröpfchen und die bunten Schokolinsen mit der Hand unterrühren.

Aus dem Teig etwa teelöffelgroße Häufchen nebeneinander auf das Blech setzen, dabei genügend Abstand zwischen den einzelnen Cookies lassen. Die Cookies im Ofen etwa 10 Minuten hellbraun backen. Herausnehmen und abkühlen lassen.

TIPP

Vor dem Verzehr die Cookies kurz abkühlen lassen, dann werden sie etwas fester und lassen sich leichter vom Backpapier lösen.

Besonders gut schmecken mir die frisch gebackenen *Cookies, wenn sie vom Ofen noch leicht warm* sind, zusammen mit einem Glas kalte Milch.

SCHOKO-ERDNUSS-WHOOPIES

Für 10 Stück

ZUTATEN

Für den Teig
3 Eier

Salz

75 g Zucker

75 g Weizenmehl (Type 405)

2 EL Backkakaopulver

Für die Creme
100 g Frischkäse

80 g Puderzucker

60 g Erdnussbutter

Außerdem
Spritzbeutel mit Lochtülle mit Ø 10–15 mm

50 g Zartbitterkuvertüre

10 Erdnusskerne

ZUBEREITUNG

Den Ofen auf 180 °C vorheizen. Ein Backblech mit Backpapier auslegen.

Die Eier trennen. Das Eiweiß mit 1 Prise Salz steif schlagen. Anschließend nach und nach den Zucker einrühren. Das Eigelb unter die Eiweißmasse heben. Mehl und Kakaopulver mischen, sieben und ebenfalls unter die Eiermasse ziehen.

Aus dem Teig mithilfe des Spritzbeutels 20 Kreise mit etwa 4 cm Durchmesser nebeneinander auf das Blech setzen. Dabei zwischen den Whoopies genügend Platz lassen, da sie noch etwas aufgehen.

Die Whoopies im Ofen etwa 12 Minuten backen. Herausnehmen, abkühlen lassen und die Teighälften vorsichtig mit einem Messer vom Backpapier lösen.

Für die Creme den Frischkäse mit dem Puderzucker mischen. Die Erdnussbutter unterheben und alles zu einer cremigen Masse vermengen.

Die Creme mithilfe des Spritzbeutels auf der Hälfte der Whoopies verteilen. Anschließend mit einem zweiten Woopie bedecken.

Zum Verzieren die Kuvertüre hacken, im warmen Wasserbad langsam schmelzen und die Whoopies damit oben bestreichen. Die Erdnusskerne schälen, hacken und auf der Kuvertüre verteilen. Kurz im Kühlschrank abkühlen lassen, bis die Schokolade fest geworden ist.

Eigentlich bin ich kein großer Fan von Erdnussbutter, aber *als Füllung für diese Whoopies* hat sie sogar mich begeistert. Achtung, große Suchtgefahr!

CHEESECAKES IM GLAS MIT GEWÜRZKIRSCHEN

Für 4 Gläser mit je 200 ml Inhalt

ZUTATEN

Für den Boden
150 ml Orangensaft
15 g brauner Zucker
3 Cookies mit Schokostückchen

Für die Käsemasse
400 g Frischkäse
2 EL Vanillezucker
Saft von 1 Zitrone

Für die Kirschen
100 ml Kinderpunsch
(wahlweise Glühwein)
½ Glas Sauerkirschen (für 180 g
Kirschen und 150 ml Kirschsaft)
½ Bio-Orange
25 g brauner Zucker
1 Zimtstange
1 Sternanis
1 TL Speisestärke

Außerdem
20 g Zartbitterkuvertüre oder
Schokostreusel

ZUBEREITUNG

Für den Boden den Orangensaft mit dem braunen Zucker in einem Topf aufkochen und so lange köcheln lassen, bis sich die Masse auf die Hälfte reduziert hat.

Die Cookies in einen Gefrierbeutel legen und mit dem Nudelholz klein klopfen. Anschließend die Keksbrösel mit dem Orangensirup verrühren und kühl stellen.

Für die Käsemasse den Frischkäse mit Vanillezucker und Zitronensaft verrühren und ebenfalls kühl stellen.

Den Kinderpunsch mit dem aufgefangenen Kirschsaft in einen Topf gießen. Die Orange waschen, abtrocknen, in Scheiben schneiden und in den Punsch geben. Braunen Zucker, Zimtstange und Sternanis hinzufügen und alles kurz aufkochen. Dann bei niedriger Hitze noch etwa 15 Minuten köcheln lassen. Orangenscheiben, Zimtstange und Sternanis wieder entfernen.

Die Speisestärke in etwas kaltem Wasser auflösen, in die Punschmasse rühren und alles erneut aufkochen. So lange köcheln lassen, bis die Masse eindickt. Dann die Kirschen unterheben und 15 Minuten ziehen lassen.

Jeweils eine Schicht Cookie-Brösel, Käsemasse und Gewürzkirschen in die Gläser füllen. Mit geraspelter Kuvertüre oder Schokostreusel verziert servieren.

Diese Cheesecakes sind wirklich ein kleiner Desserttraum.
Herrlich süß, fruchtig und schokoladig,
perfekt für kalte Wintertage.

KAISERSCHMARRN MIT GEBRANNTEN MANDELN

Für 4 Portionen

ZUTATEN

Für die Mandeln

200 g Zucker
1 EL Vanillezucker
½ TL Zimt
200 g Mandeln

Für den Kaiserschmarrn

5 Eier
100 g Weizenmehl (Type 405)
3 EL Zucker
1 TL Vanillezucker
250 ml Milch
50 g Rosinen
30 g Cranberrys
50 g Butter
4 EL Mandelblättchen
Puderzucker

ZUBEREITUNG

Für die Mandeln 100 ml Wasser mit Zucker, Vanillezucker und Zimt in eine Pfanne geben. Kurz alles durchrühren und aufkochen lassen.

Die Mandeln unterrühren und bei niedriger Hitze so lange köcheln lassen, bis das Wasser verdunstet ist. Der Zucker wird zuerst sehr trocken und bröselig. Unter ständigem Rühren auf hoher Stufe den Zucker weiter erhitzen, bis er anfängt zu karamellisieren.

Sobald der Zucker sich vollständig aufgelöst hat und die Mandeln braun ummantelt sind, die Mandeln zügig auf ein Backpapier geben und vollständig aushärten lassen. Anschließend die Mandeln auseinanderbrechen und in ein Schraubglas oder eine Tüte füllen – oder im Kaiserschmarrn verwenden.

Für den Kaiserschmarrn den Ofen auf 200 °C vorheizen. Die Eier trennen. Das Mehl mit Zucker, Vanillezucker, Milch und Eigelb verrühren und 15 Minuten quellen lassen. Das Eiweiß steif schlagen und anschließend unter die Masse heben. Die Rosinen und Cranberrys ebenfalls hinzufügen.

Die Hälfte der Butter in einer großen ofenfesten (!) Pfanne erhitzen. Den Teig in die Pfanne gießen und 3–4 Minuten anbacken. Dann den Teig vom Rand lösen, alles in die Pfannenmitte schieben und im Ofen noch 10 Minuten weiterbacken.

Die Mandelblättchen in der restlichen Butter anrösten. Den Kaiserschmarrn aus dem Ofen nehmen, mit zwei Gabeln in kleine Stücke zupfen und mit Mandelblättchen, gebrannten Mandeln und Puderzucker anrichten.

TIPP

Selbst gebrannte Mandeln sind ein tolles Geschenk, gerade in der Weihnachtszeit.

Kaiserschmarrn war in unserer Kindheit ein typisches Wintergericht. Wenn ich an den Winter denke, verbinde ich die Jahreszeit automatisch mit dem Duft von

frischen gebrannten Mandeln.

Warum also nicht einfach mal beides kombinieren?

Che dolce!

Ich liebe Tiramisu,

**das klassische italienische
Dessert. Hier hat es sich zur
Torte verwandelt und versüßt
so bestimmt jedem Kuchen-
liebhaber den Tag.**

TIRAMISU-TORTE

Für 1 Torte mit Ø 15 cm

ZUTATEN

Für die Creme

125 g Quark

250 g Mascarpone

½ TL abgeriebene unbehandelte Zitronenschale

30 g Puderzucker

1 EL Vanillezucker

3 EL Amaretto

60 g Sahne

Für die Böden

2 Eier

100 g Zucker

1 EL Vanillezucker

70 g Weizenmehl (Type 405)

20 g Backkakaopulver

Salz

2 EL Kaffeelikör

Außerdem

Margarine und Mehl für die Formen

2 EL Kakaopulver

1 Handvoll Zebra-Schokoröllchen

ZUBEREITUNG

Den Quark mit Mascarpone und Zitronenschale kurz cremig rühren. 25 g Puderzucker sieben und mit Vanillezucker und Amaretto unterheben.

Zum Schluss die Sahne mit dem übrigen Puderzucker steif schlagen und vorsichtig unter die Masse ziehen. Die Creme 1 Stunde in den Kühlschrank stellen.

Den Ofen auf 180 °C vorheizen. 2 Springformen mit 15 cm Durchmesser einfetten und mit Mehl ausstäuben. Die Eier mit Zucker und Vanillezucker cremig rühren. Mehl und Kakaopulver sieben und unter die Eiermasse rühren. 1 Prise Salz dazugeben.

Den Teig gleichmäßig auf beide Formen verteilen und im Ofen 20 Minuten backen. Stäbchenprobe machen. Die Böden aus dem Ofen nehmen und vollständig abkühlen lassen. Danach mit Kaffeelikör bestreichen.

Den ersten Boden mit einem Drittel der Creme bestreichen, den zweiten Boden daraufsetzen und die Torte mit der restlichen Creme rundherum überziehen.

Zum Schluss die Torte mit Kakaopulver bestreuen, den Zebra-Schokoröllchen belegen und 2 Stunden im Kühlschrank ziehen lassen.

TIPP

Die Tiramisu-Torte schmeckt besonders gut, wenn sie lange durchziehen konnte. Ihr könnt sie also wunderbar am Vortag zubereiten und am nächsten Tag essen.

WINTERTORTE
MIT MOHN

Für 1 Torte mit Ø 15 cm

ZUTATEN

Für die Creme

125 g Quark

250 g Mascarpone

½ TL abgeriebene unbehandelte Zitronenschale

30 g Puderzucker

1 EL Vanillezucker

80 g Sahne

Für die Böden

4 Eier

250 g Zucker

200 ml Speiseöl

200 ml Orangensaft

300 g Weizenmehl (Type 405)

200 g gemahlener Mohn

1 Päckchen Backpulver

4 EL Erdbeerkonfitüre

Außerdem

Margarine und Mehl
für die Formen

½ Granatapfel

50 g Zartbitterkuvertüre

Spritzbeutel mit Lochtülle
Ø mit 1 mm

ZUBEREITUNG

Den Quark mit Mascarpone und Zitronenschale kurz cremig rühren. 25 g Puderzucker sieben und mit dem Vanillezucker unterheben.

Zum Schluss die Sahne mit dem übrigen Puderzucker steif schlagen und vorsichtig unter die Masse ziehen. 1 Stunde in den Kühlschrank stellen.

Den Ofen auf 180 °C vorheizen. 3 Springformen mit 15 cm Durchmesser einfetten und mit Mehl ausstäuben. Für die Böden die Eier mit dem Zucker cremig schlagen. Öl und Orangensaft zugeben und verrühren. Das Mehl mit Mohn und Backpulver mischen und unterrühren.

Den Teig gleichmäßig auf die Formen verteilen und im Ofen 35–40 Minuten backen. Die Böden herausnehmen und abkühlen lassen. Bei Bedarf die Kuppel der Böden jeweils so abschneiden, dass sie eine gerade Oberfläche haben.

2 Böden mit Erdbeerkonfitüre bestreichen. Den ersten Boden zusätzlich mit einem Sechstel der Creme bestreichen und den zweiten Boden daraufsetzen. Erneut mit einem Sechstel der Creme bestreichen und den dritten Boden obenauf legen. Mit der restlichen Creme die Torte rundherum überziehen.

Den Granatapfel halbieren und entkernen. Die Kerne zum Abschluss auf der Torte verteilen. Die Kuvertüre hacken und im warmen Wasserbad schmelzen. Dann mithilfe des Spritzbeutels 8–10 kleine Tannenbäume aus Kuvertüre auf Backpapier zeichnen (siehe Tipp). Die Bäumchen im Kühlschrank aushärten lassen.

Sobald die Kuvertüre hart ist, die Bäumchen vorsichtig vom Backpapier lösen und seitlich an der Torte auf die Creme drücken.

TIPP

Ich habe mir für die Tannenbäume vorher ein Muster auf Papier gezeichnet und dieses zum Durchpausen unter das Backpapier gelegt.

Mohn esse ich sehr gern in Kuchen. In Verbindung mit dem süßsäuerlichen *Geschmack der Granatapfelkerne* ergibt er eine tolle Kombination für die Winterzeit.

Register

Über die Autorin

Melanie Allhoff ist das Gesicht hinter dem Blog **www.blogdetailliebe.com**. Die 29-jährige Osteopathin und Fotografin aus dem schönen Münster teilt darin ihre Begeisterung rund um die Themen Backen, Kochen, Dekoration und Reisen. Sie liebt das Backen und Kreieren von alltagstauglichen Rezepten mit dem besonderen Etwas. Dabei wandern süße und herzhafte, aber immer vegetarische Köstlichkeiten in den Ofen und auf den Tisch. Besonders am Herzen liegen ihr frische, saisonale und regionale Zutaten.

Danke

Ein eigenes Backbuch zu schreiben war schon immer mein Traum. Ich möchte allen Menschen danken, die mir bei der Umsetzung geholfen haben und dieses Projekt unterstützt haben.

Elle, für deine Unterstützung in den letzten Monaten, dein Wissen über Fotografie und die Geduld, mir immer wieder etwas neu zu erklären.

Ursel, Ludger und Steffi, die sich durch fast jeden Kuchen aus diesem Buch probiert haben.

Annika, die mich so toll bei dem Projekt begleitet hat und bei Fragen immer da war.

Dem Team der Edition Michael Fischer dafür, dass es mir so viel freie Hand bei der Umsetzung gelassen hat, damit ich alle meine Ideen verwirklichen konnte.

Meiner Familie und meinen Freunden, die sich mit mir über dieses Buch freuen.

Unseren Hühnern Marianne, Lisbeth, Charlotte und Berta für die 134 Eier, die ich für das Buch verbacken habe.

Allen meinen Leser, die mich teilweise schon seit Jahren begleiten, meine Beiträge lesen, liken, kommentieren und einen tollen Austausch möglich machen.

Jedem und jeder, der bzw. die dieses Buch gekauft hat. Ich danke euch, dass ihr meinen kleinen Traum habt wahr werden lassen.

Hiermit möchte ich mich bei meinen Sponsoren bedanken, die dieses Projekt mit wunderschöner Dekoration und Backzutaten unterstützt haben. Ich danke euch!

Bei der lieben Birgit von Partyerie, die in ihrem Shop die schönsten Dekorations- und Partyartikel für Geburtstage, Hochzeiten und andere Festlichkeiten anbietet. Von hübschen Tortenplatten über Pompoms bis zu Geschirr und Besteck. Ihre Produkte machen aus jedem Sweet Table ein echtes optisches Highlight.

www.partyerie.de

Bei dem Team von MeinCupcake, das eine riesengroße Auswahl an Backzubehör anbietet. Vom Werkzeug über Muffinförmchen bis zu Streudekor und Lebensmittelfarben – hier findet ihr alles, was ihr zum Kreieren von Torten, Cupcakes und Kuchen benötigt. Und wer seine Kreationen wie auch ich gern verschenkt, findet passend dazu auch hübsche Ideen zum Verpacken und Verschenken.

www.meincupcake.de

Eure Melanie Allhoff

Bibliografische Information der Deutschen Bibliothek.

Die Deutsche Bibliothek verzeichnet diese Publikation in der deutschen Nationalbibliografie.

Detaillierte bibliografische Daten sind im Internet über http://www. d-nb.de/ abrufbar.

Allgemeiner Hinweis zu den Rezepten: Es werden immer Eier der Größe M verwendet. Soweit nicht anders angegeben, beziehen sich die Backofentemperaturen auf das Backen mit Ober- und Unterhitze.

EIN BUCH DER EDITION MICHAEL FISCHER

1. Auflage 2016

© 2016 Edition Michael Fischer GmbH, Igling

Covergestaltung: Verena Raith
Layout: Tanja Kapahnke Studio Süd, Ravensburg
Satz: Viktoria Zettl
Produktmanagement: Annika Christof
Lektorat: Kathrin Gritschneder, Tegernsee

ISBN 978-3-86355-546-7

Printed in Slovakia

www.emf-verlag.de